fahrzeuge

40 Ideen mit LEGO®-Steinen

fahrzeuge

40 Ideen mit LEGO®-Steinen

Bassermann

ISBN 978-3-8094-3815-1

4. Auflage 2023

Umschlaggestaltung: Atelier Versen, Bad Aibling

Fotos: Neal Grundy

Layout: Gareth Butterworth

Projektkoordination dieser Ausgabe: Birte Dittmann

Übersetzung: Dr. Ulrike Kretschmer, München

Satz und Redaktion: Dr. Alex Klubertanz, Haßfurt

Printed in China

Verlagsgruppe Random House FSC® N001967

Bauspaß mit LEGO-Fahrzeugen

Wenn ich an öffentlichen Events teilnehme und meine LEGO®-Modelle baue, wird mir immer wieder folgende Frage gestellt: »Warum produziert LEGO jetzt all diese speziellen Teile? Zu meiner Zeit waren es nur Steine.« Um euch zu zeigen, dass ihr aus eben diesen Steinen alles bauen könnt, gibt es nun dieses Buch.

Dass LEGO seine Bausätze geändert hat und die speziellen Teile neu sind, stimmt nicht ganz. Schon 1950, als es den Baukasten mit den 2-x-4-Grundsteinen zu kaufen gab, bot LEGO zusätzlich spezielle Türen und Fenster an.

Räder erschienen erst etwas später, gehören nun aber schon seit über 50 Jahren zu fast jedem Bausatz dazu. Als wir also beschlossen, nur die »grundlegenden Steine« zu verwenden, mussten wir erst einmal definieren, was unter »grundlegenden Steinen« zu verstehen war.

Für dieses Buch schöpfte mein Team seine Inspiration aus den LEGO-Classic-Boxen. Jede dieser Boxen enthält genau das, wonach die Besucher der LEGO-Events fragen: eine große Auswahl an LEGO-Steinen. Natürlich haben wir nicht nur mit den 2-x-4-Standardsteinen, den 2-x-2-Quadraten oder den schmalen 1-x-3-Steinen gearbeitet, doch sollte jeder »seine« Bauteile mühelos wiedererkennen.

Für einige unserer Fahrzeuge ist Farbe sehr wichtig, wobei die farbigen Steine in einer Classic-Box oft nicht ausreichen. Hier empfiehlt es sich, gleich mehrere und verschiedene Boxen zur Hand zu haben. Natürlich könnt ihr die Farbgebung je nach Vorliebe und verfügbaren Steinen ändern.

Und schließlich noch ein Tipp: Wenn ihr eines der Fahrzeuge in diesem Buch nachbauen wollt, aber nicht die exakt passenden Steine habt – macht nichts! Letztlich ist es eine ganz persönliche Entscheidung, welche Steine ihr verwendet. Wenn ihr findet, dass das Gefährt mit einem anderen Stein besser aussieht, nur zu! Bei LEGO gibt es kein Richtig oder Falsch. Hauptsache ist, ihr habt Spaß beim Bauen!

Warren Elsmore

Inhalt

Dragster

Das Drag Racing ist ein weltweit beliebter Motorsport. Statt im Kreis zu fahren, legen die Dragster die Distanz auf einer geraden Strecke zurück. Es gibt sie in allen Formen und Klassen, sie alle sind jedoch auf starke Beschleunigung ausgelegt. Wir haben uns für einen Klassiker mit sehr langer, tiefer Schnauze und höherem Heck entschieden. Dafür haben wir verschiedene Zweiersteine verwendet, die Vorderradachse liegt sehr weit vorn. Drehen wir ein paar schnelle Runden?

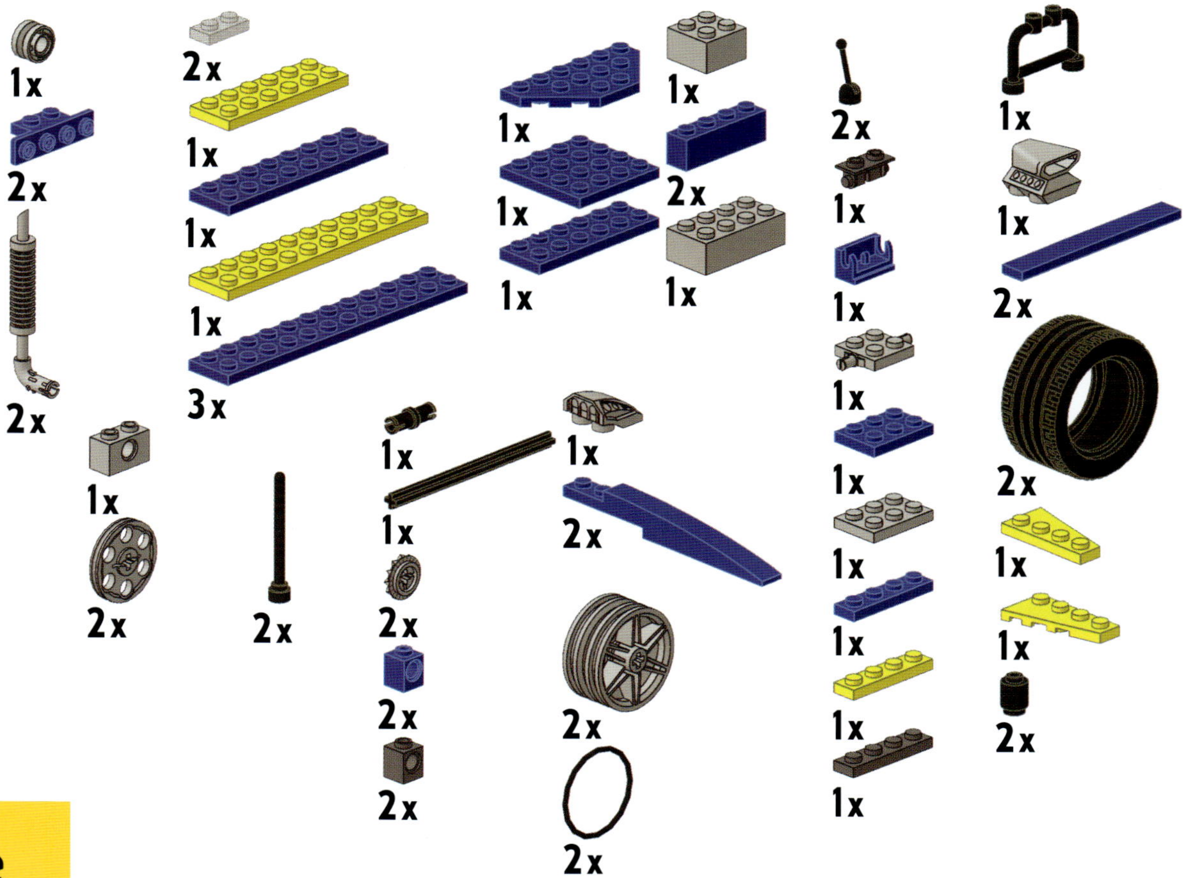

1x
2x
2x

1x
2x

2x
1x
1x
1x
3x

2x

1x
1x
2x
2x
2x

1x
1x
1x

1x
2x
2x
2x

1x
2x
1x

2x
1x
1x
1x
1x
1x
1x
1x
1x

1x
1x
2x
2x
1x
1x
2x

Dragster

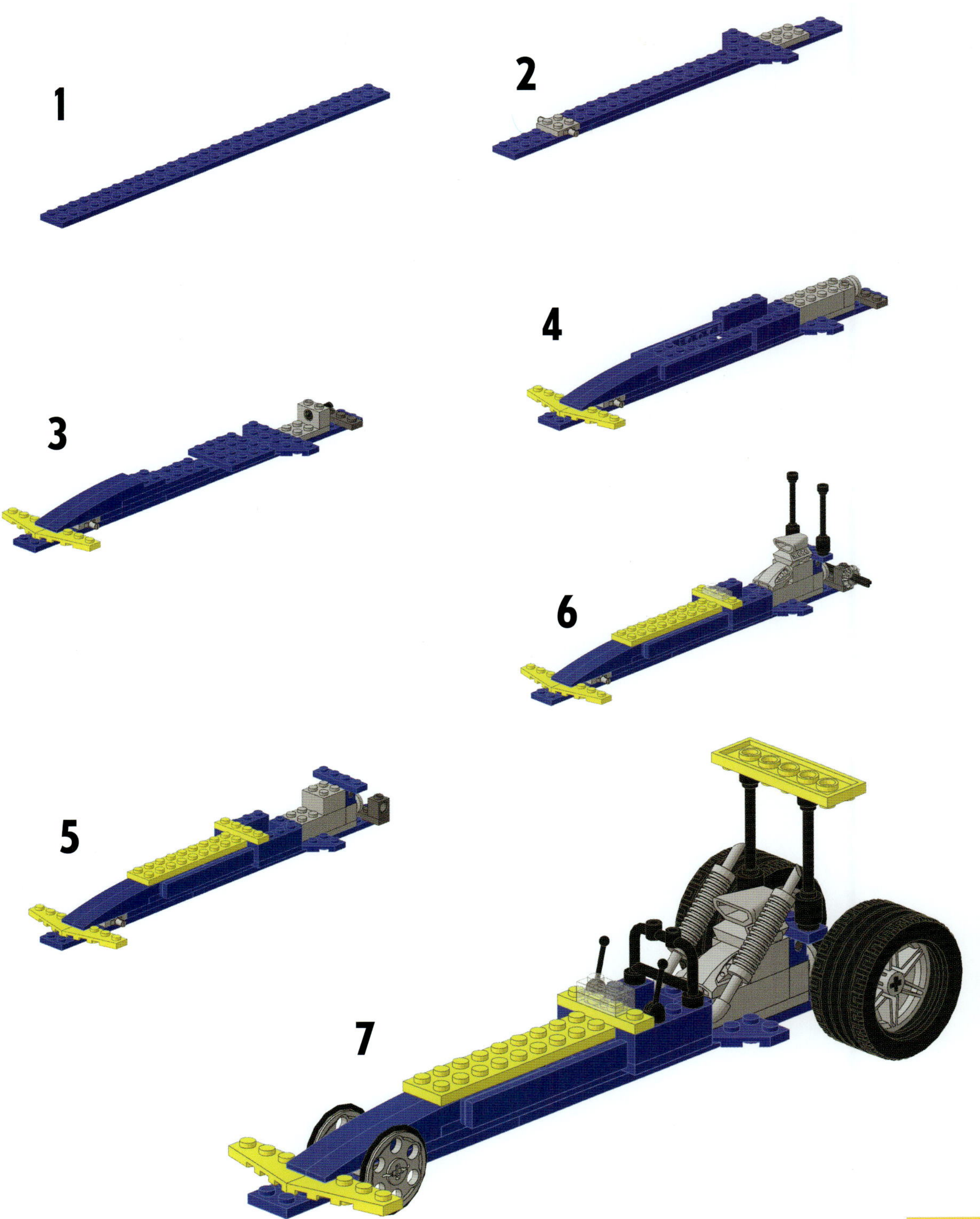

Monstertruck

Im Grunde handelt es sich bei Monstertrucks um bessere Pick-ups mit massiv übergroßen Rädern und einer Wahnsinnsfederung. Sie kommen in erster Linie bei Events zum Einsatz, bei denen es den Fahrern unglaublich Spaß macht, vor jubelndem Publikum Wohnmobile zu schrotten. Da sie durch den hohen Schwerpunkt nicht besonders stabil sind, erfordert das Fahren einiges Geschick. Für eine robuste Basis haben wir eine 4-x-10-Bodenplatte gewählt. Über den großen Rädern sind Radkästen angebracht. Indem wir die Radachsen auf mehrere Steine unter den Radkästen gesetzt haben, ist die Aufhängung 1a – ein Muss beim Überrollen anderer Fahrzeuge!

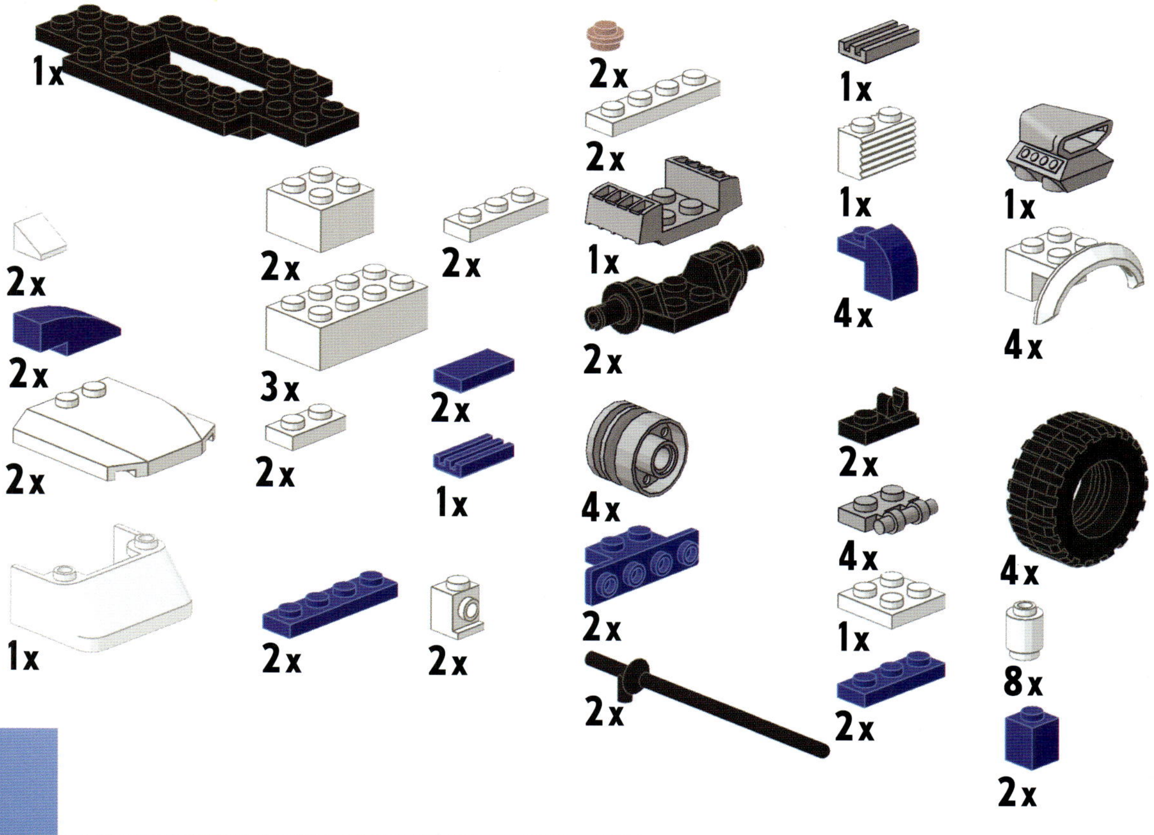

1x
2x
2x
2x
1x

2x
3x
2x
2x

2x
2x
1x
2x

2x
2x
1x
2x
4x
2x
2x

1x
1x
4x
2x
4x
1x
2x

1x
4x
4x
8x
2x

Monstertruck

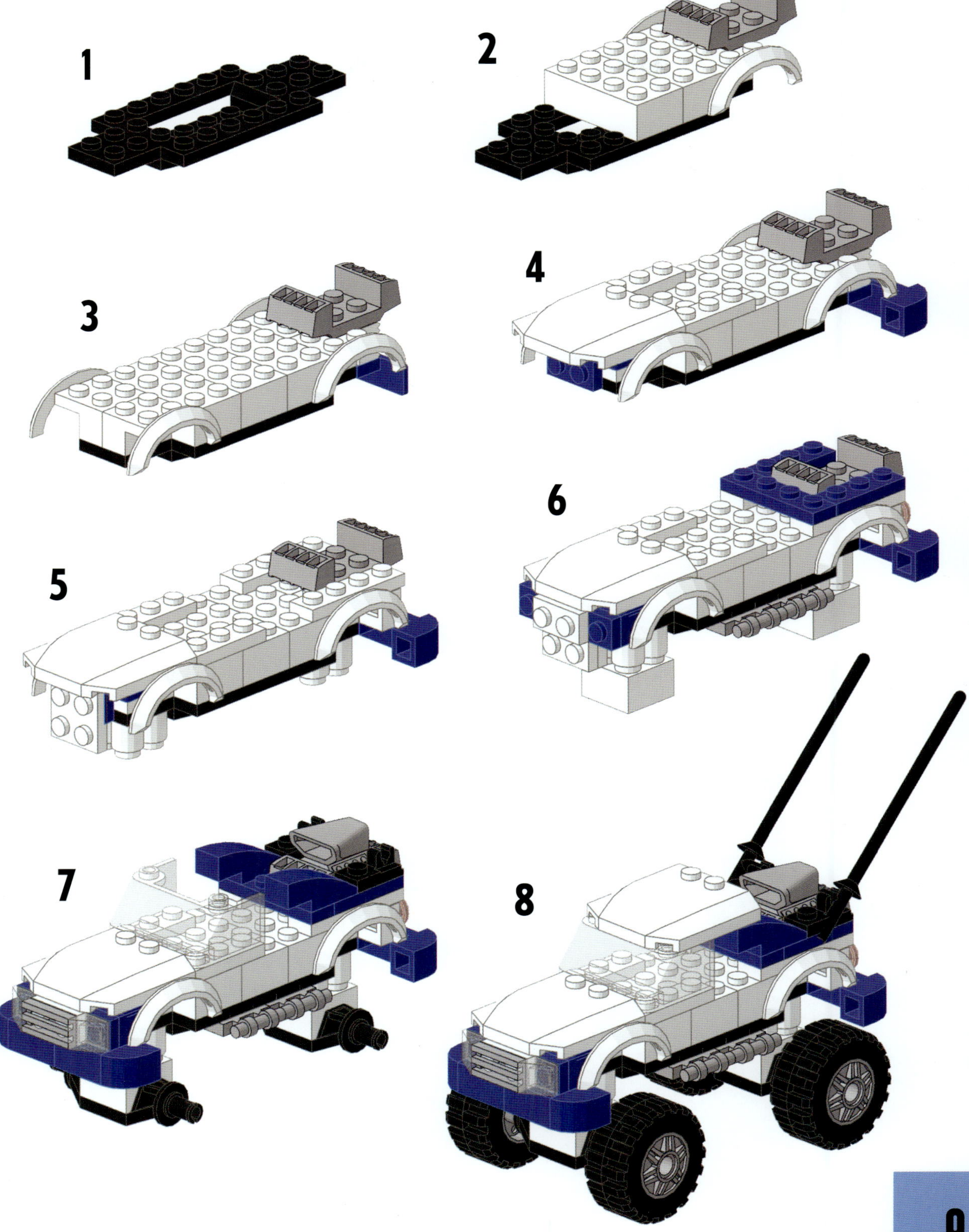

Müllwagen

Meist kann man dieses Fahrzeug riechen, bevor man es sieht, da es durch die Stadt fährt und Müll einsammelt. Manche Müllwagen entleeren die Mülltonnen über das Fahrerhaus in die Müllpresse, unserer über das Heck des Wagens. Für die gewellten Seiten des Fahrzeugs haben wir 1-x-2-x-3-Paneele und kleinere Steine verwendet, für den großen Kühler ein 1-x-2-x-2-Leiterteil. Falls es sich nicht ohnehin schon durch den Geruch ankündigt, könnt ihr auch die Warnlichter aus den durchsichtigen, orangefarbenen, runden 1-x-1-Steinen einschalten!

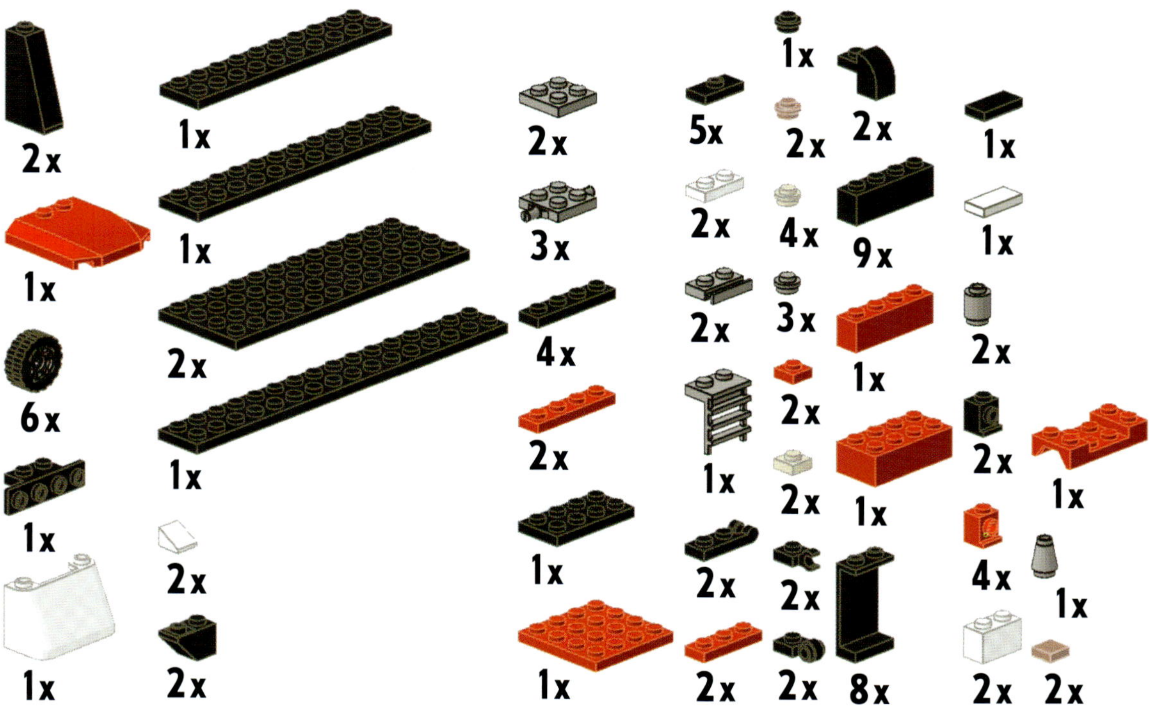

Müllwagen

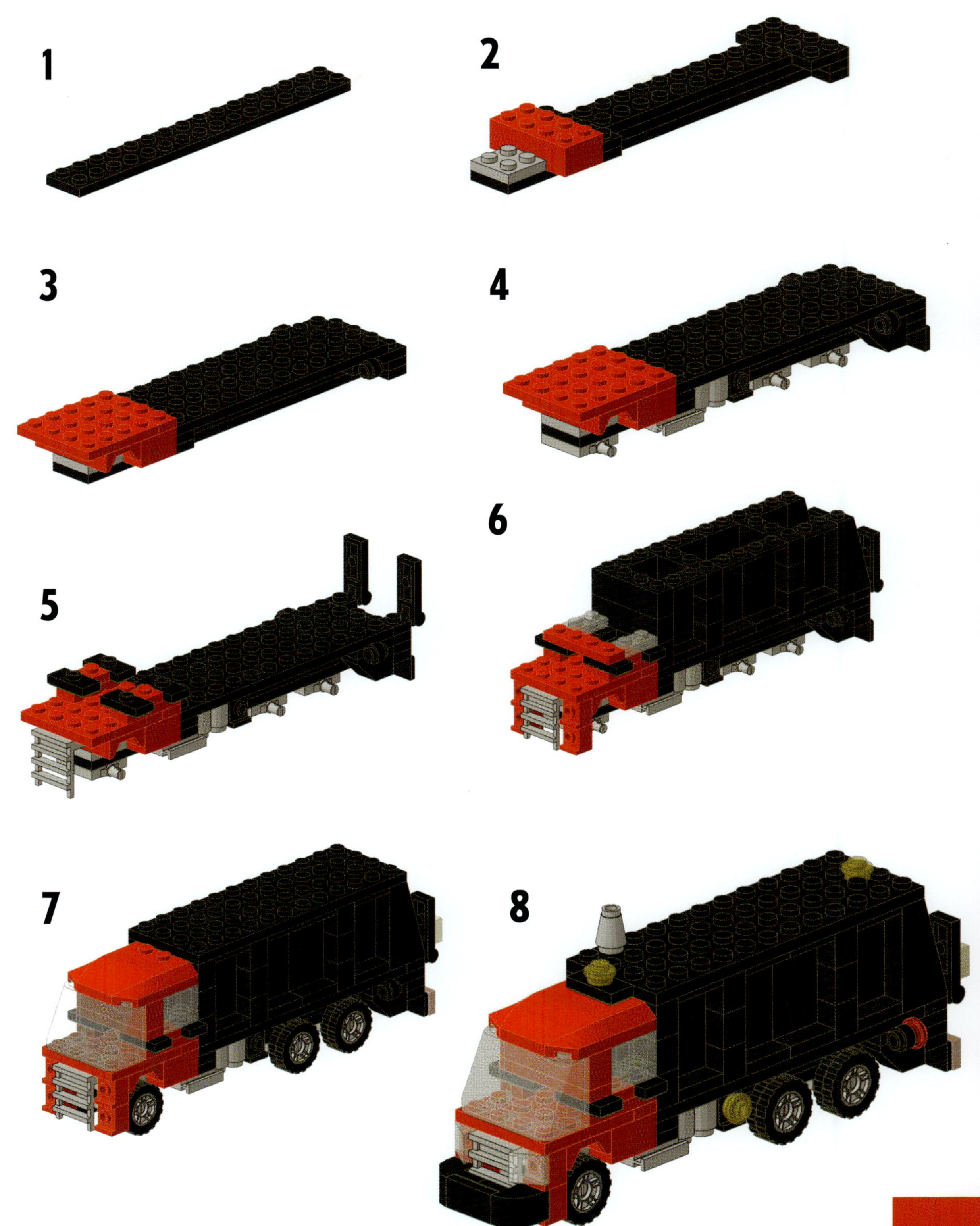

Zugmaschine

Tuuut! Achtung, Schwertransporter unterwegs! Zum Ziehen einer so schweren Fracht braucht man schon eine kräftige Zugmaschine mit drei Achsen. Die Zugmaschine ist ein ausgesprochen leistungsstarkes Fahrzeug, mit dem man riesige Auflieger transportieren kann. Sie legt lange Strecken quer durch die Welt zurück, von Argentinien, Australien und Mexiko bis in die USA und nach Kanada, und liefert Treibstoff und andere Fracht aus. Viele Zugmaschinen verfügen über einen Schlafplatz für den Fahrer.

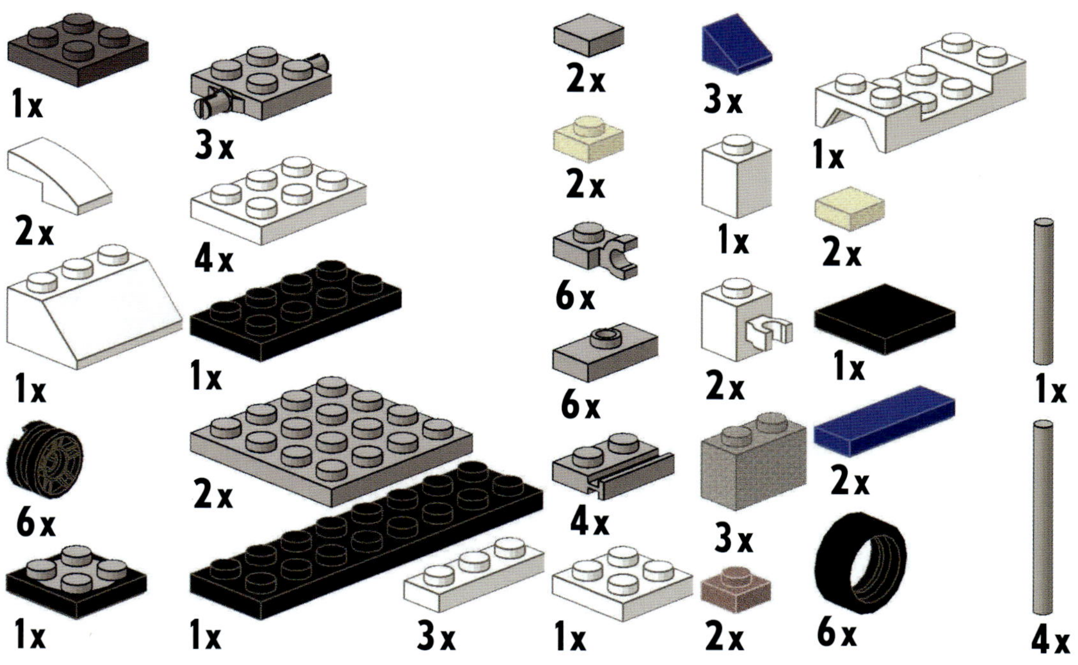

Zugmaschine

1

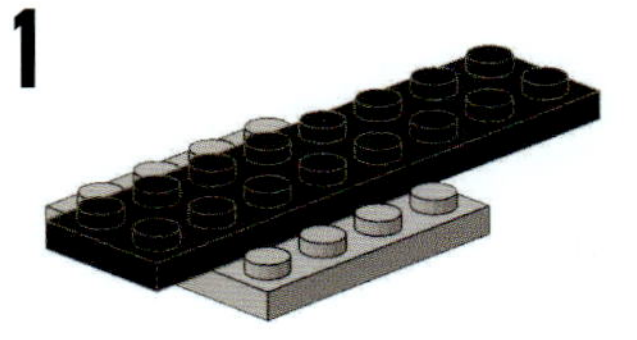

2

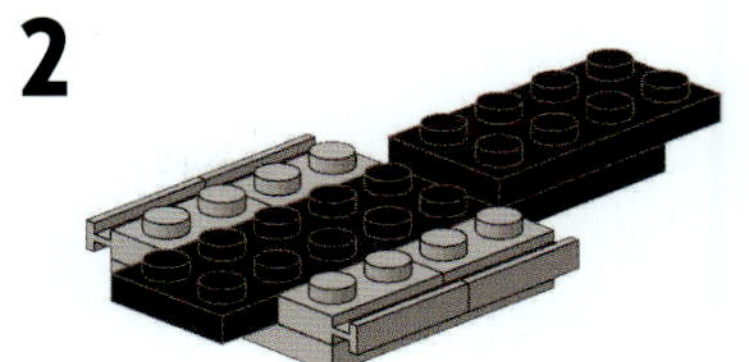

3

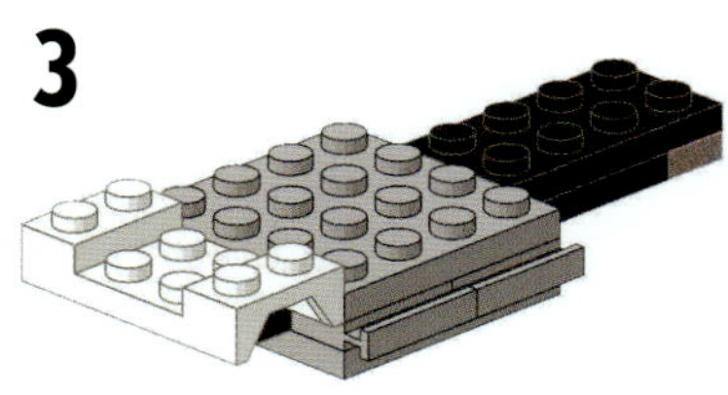

4

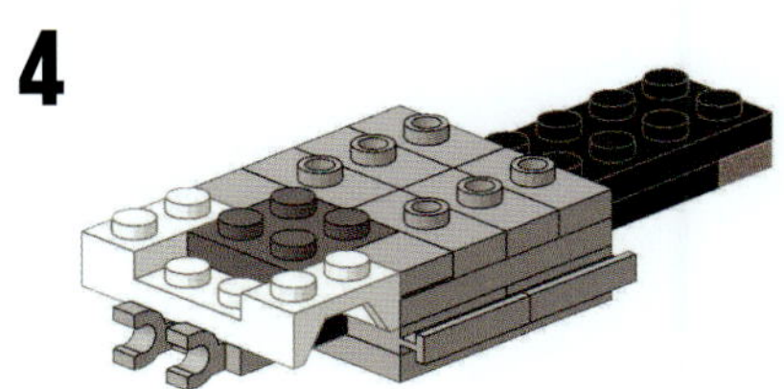

5

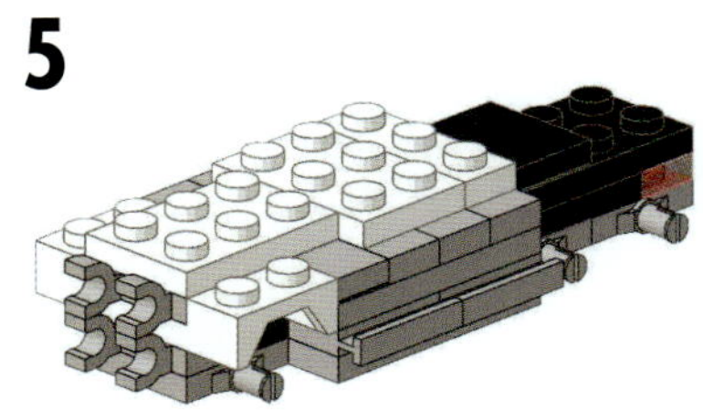

6

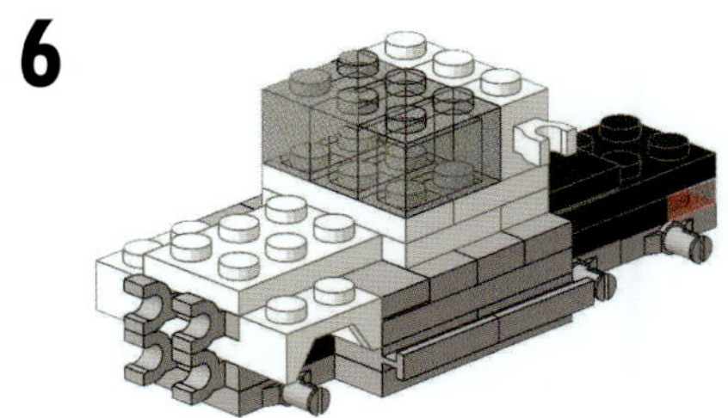

7

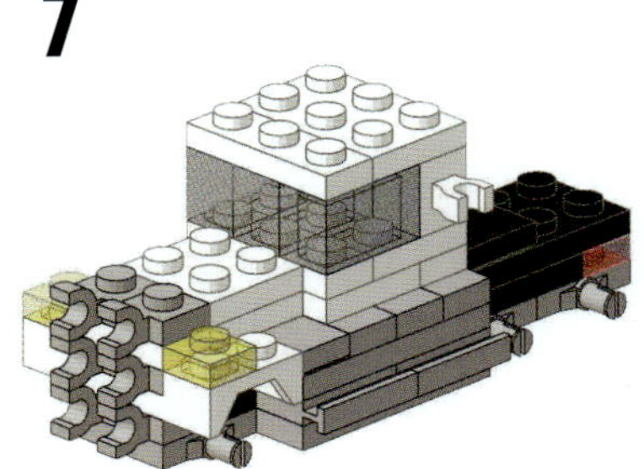

8

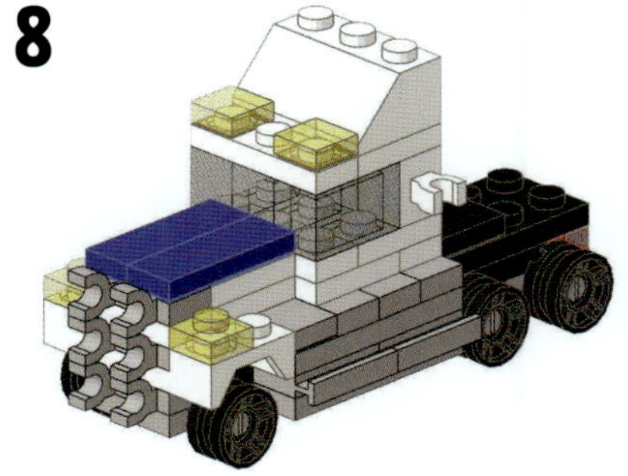

9

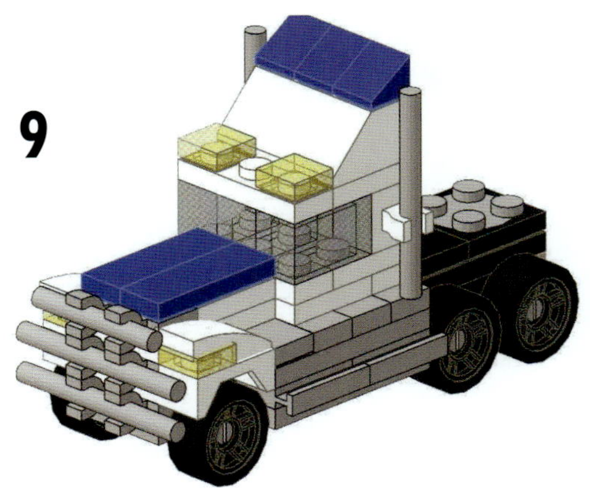

Auflieger

Unser Auflieger, mit dem die Zugmaschine von Seite 12 komplettiert wird, hat zwei Achsen, er kann aber bis zu vier haben. Er liegt vorn auf einem Zapfen an der Zugmaschine auf. Es gibt Sattelzüge, bei denen zwei Auflieger hintereinanderhängen. So können die größten Sattelzüge aus sage und schreibe insgesamt sechs Hängern bestehen! Dafür gibt es verschiedene Bezeichnungen, die bekanntesten sind Road Train und B-Train.

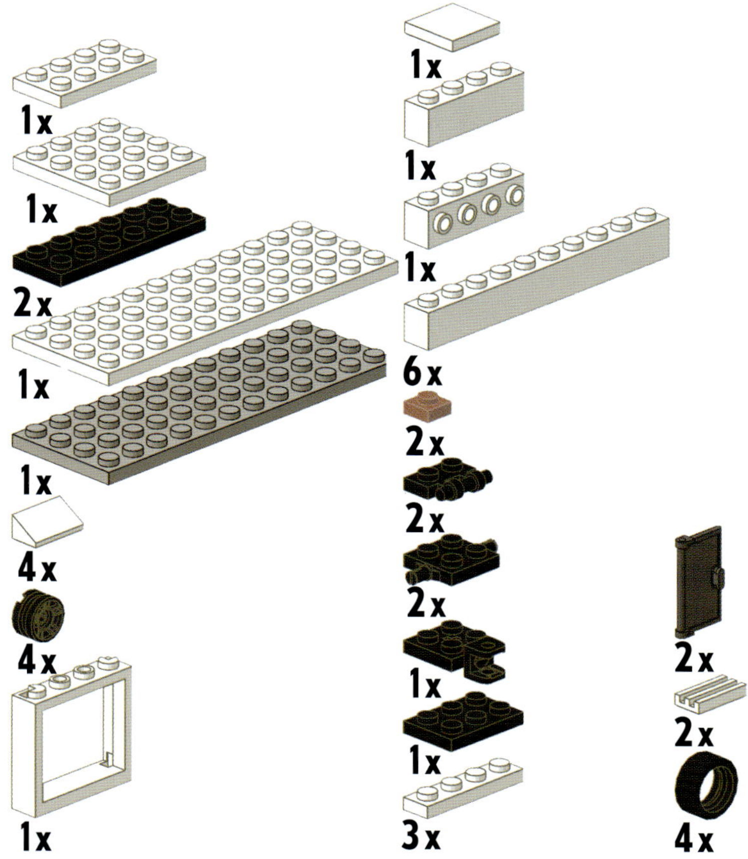

Auflieger

1

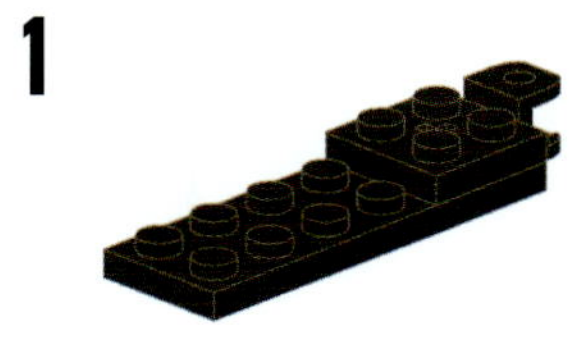

2

3

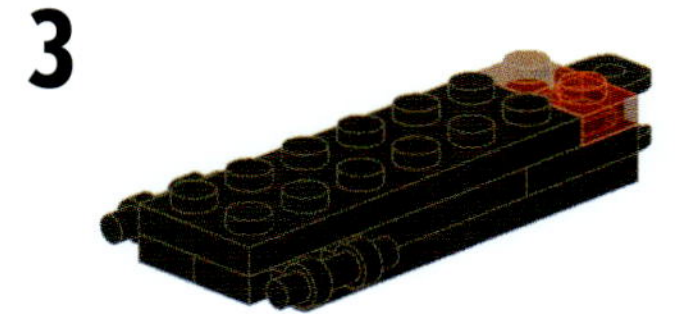

4

5

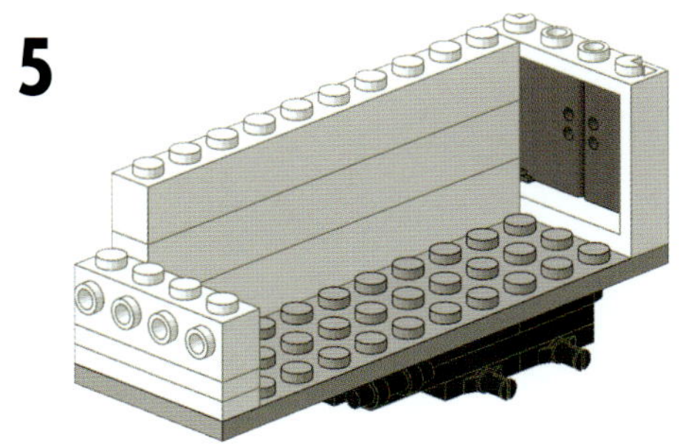

6

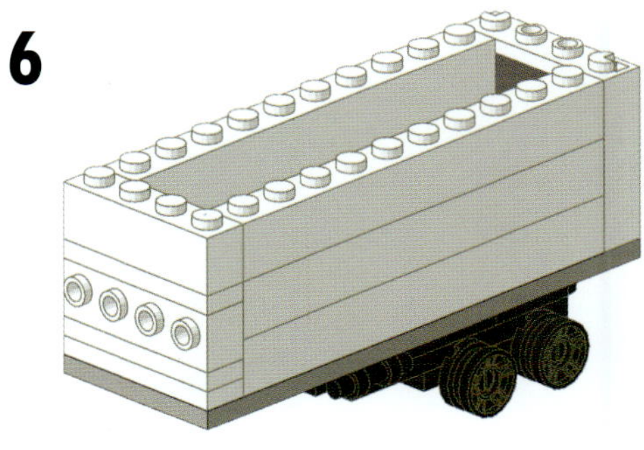

7

8

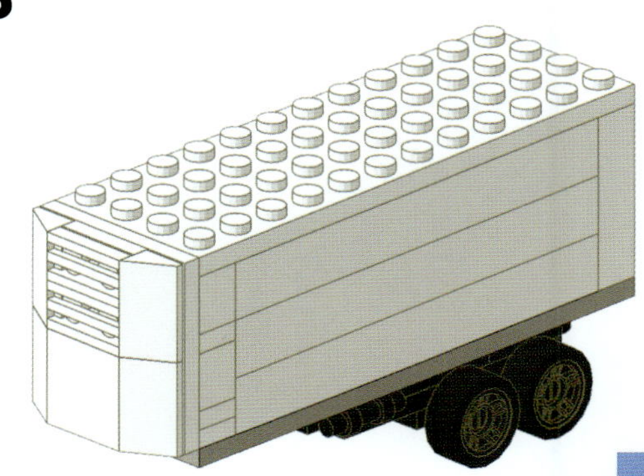

Cabrio

Die Sonne scheint, es ist warm ... also Radio aufdrehen und Dach zurückklappen! Das Cabriolet, kurz: Cabrio, ist ein Sommerauto, das man im Handumdrehen in einen offenen Wagen verwandeln kann. Die meisten verfügen über Stoffdächer mit eingebautem, faltbarem Heckfenster sowie über zwei oder vier Sitze. Mit ihrer schnittigen Form sind sie echte Hingucker. Unser gelbes Cabrio ist eine Hommage an Ferrari und Lamborghini. Das Dach ist unter einer schwarzen Abdeckung hinter den Sitzen versteckt.

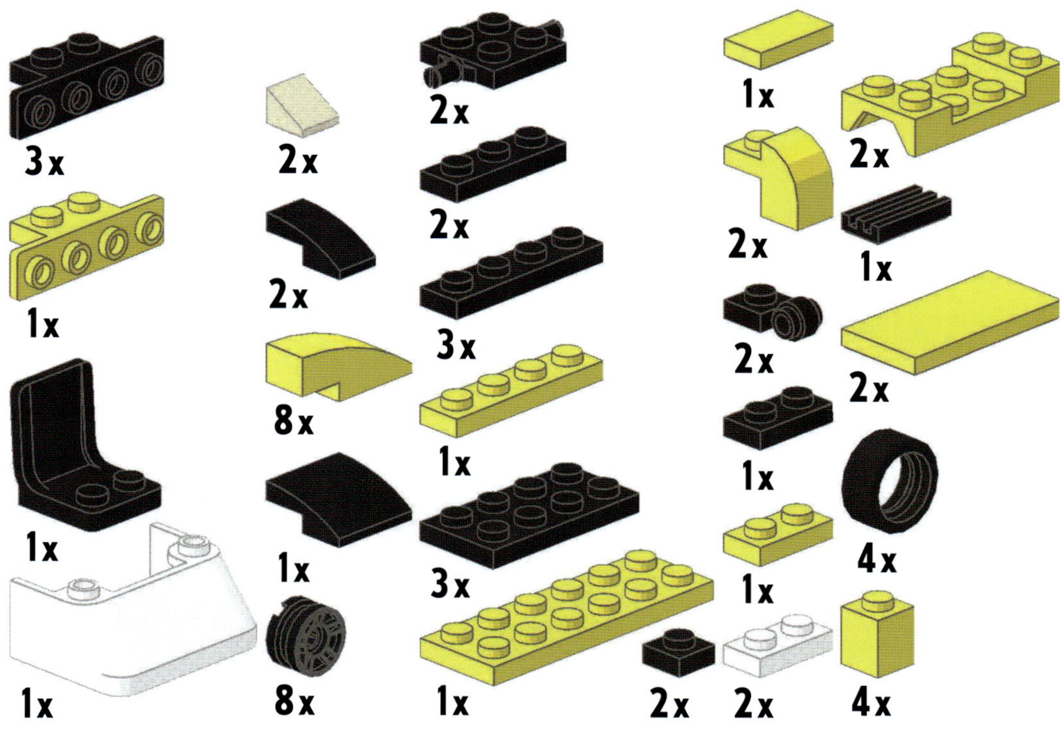

Cabrio

1

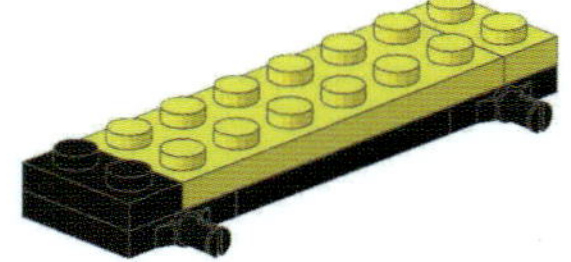

2

3

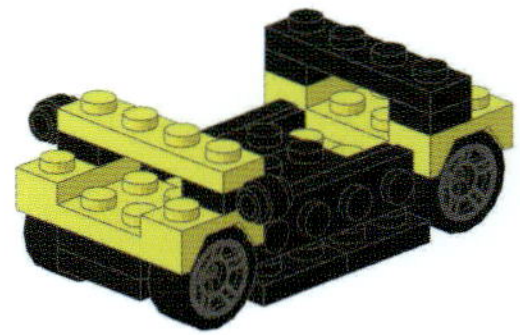

4

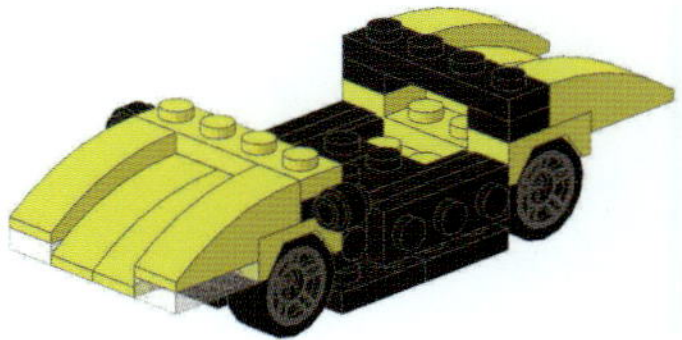

5

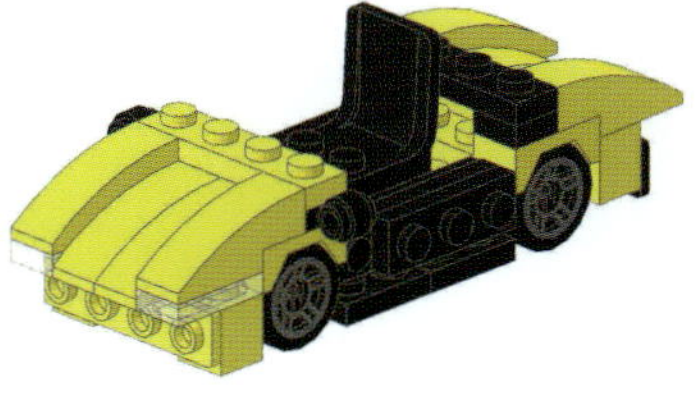

6

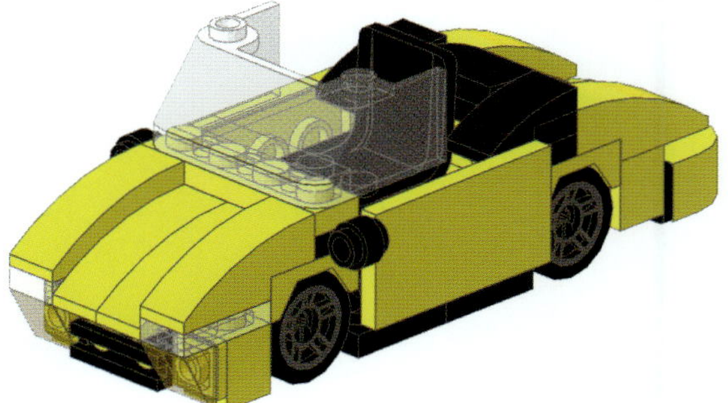

Abschlepp-wagen

Abschleppwagen sind im Pannenfall sehr praktisch. Die Winden und Stangen hinten sichern jedes Fahrzeug, das allein nicht mehr weiterkommt. Abschleppwagen können Autos sogar aus Schlamm herausziehen. Doch nicht nur liegen gebliebene Autos werden abgeschleppt, auch falsch geparkte. Für die Front unseres Modells haben wir ein 3-x-4-Motorhaubenteil verwendet und hinten eine 1-x-2-Platte mit Gelenk, zwei 1-x-4-Scharnierplatten und ein 2-x-2-Verbindungsstück dazwischen.

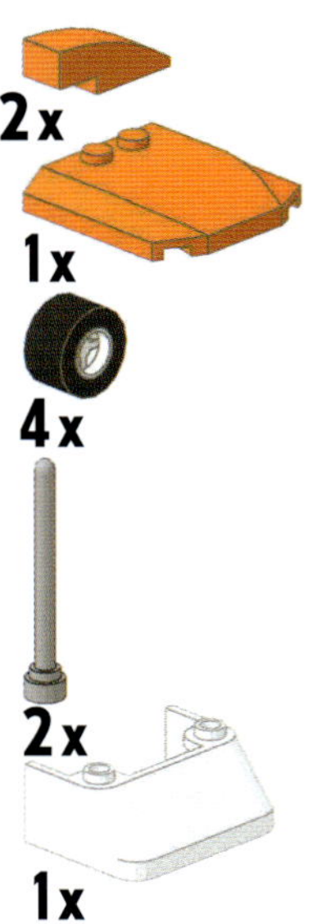

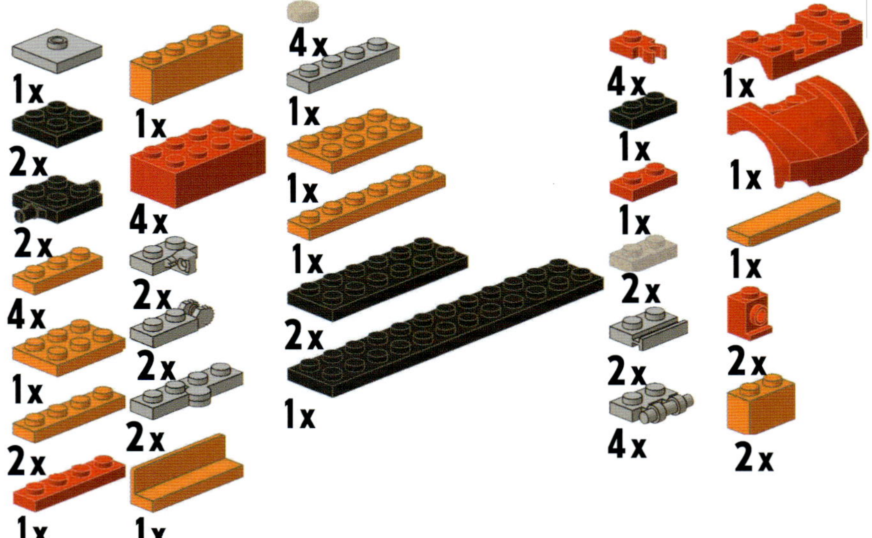

Abschleppwagen

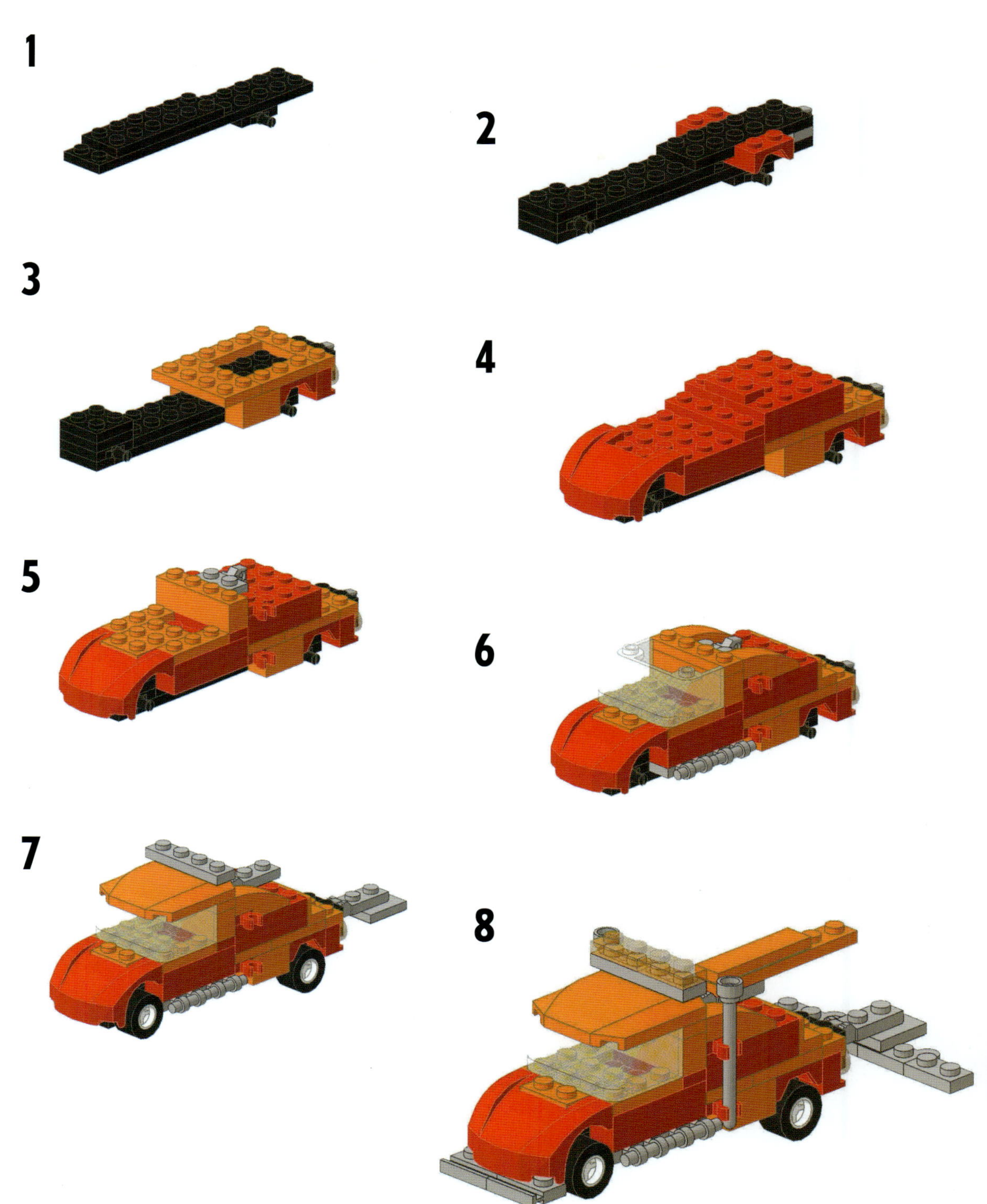

Schulbus

Der große gelbe Schulbus ist typisch für die USA und wird seit Jahrzehnten dazu benutzt, Schüler zur Schule und wieder nach Hause zu fahren. Per Bundeserlass sind sie alle in der gleichen, auffällig gelben Farbe lackiert und verfügen über spezifische Sicherheits- und Warneinrichtungen. Für Dach und Motorhaube haben wir die gelben runden 1-x-4-Schrägsteine verwendet, sie verleihen dem Bus seine unverwechselbare Form. Als Warnlichter dienen mehrere durchsichtige 1-x-1-Steine in Rot und Orange.

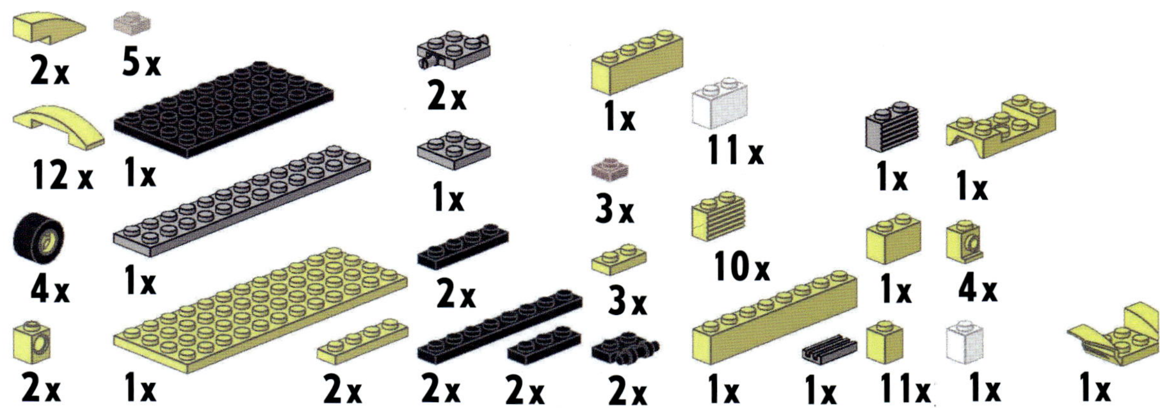

Schulbus

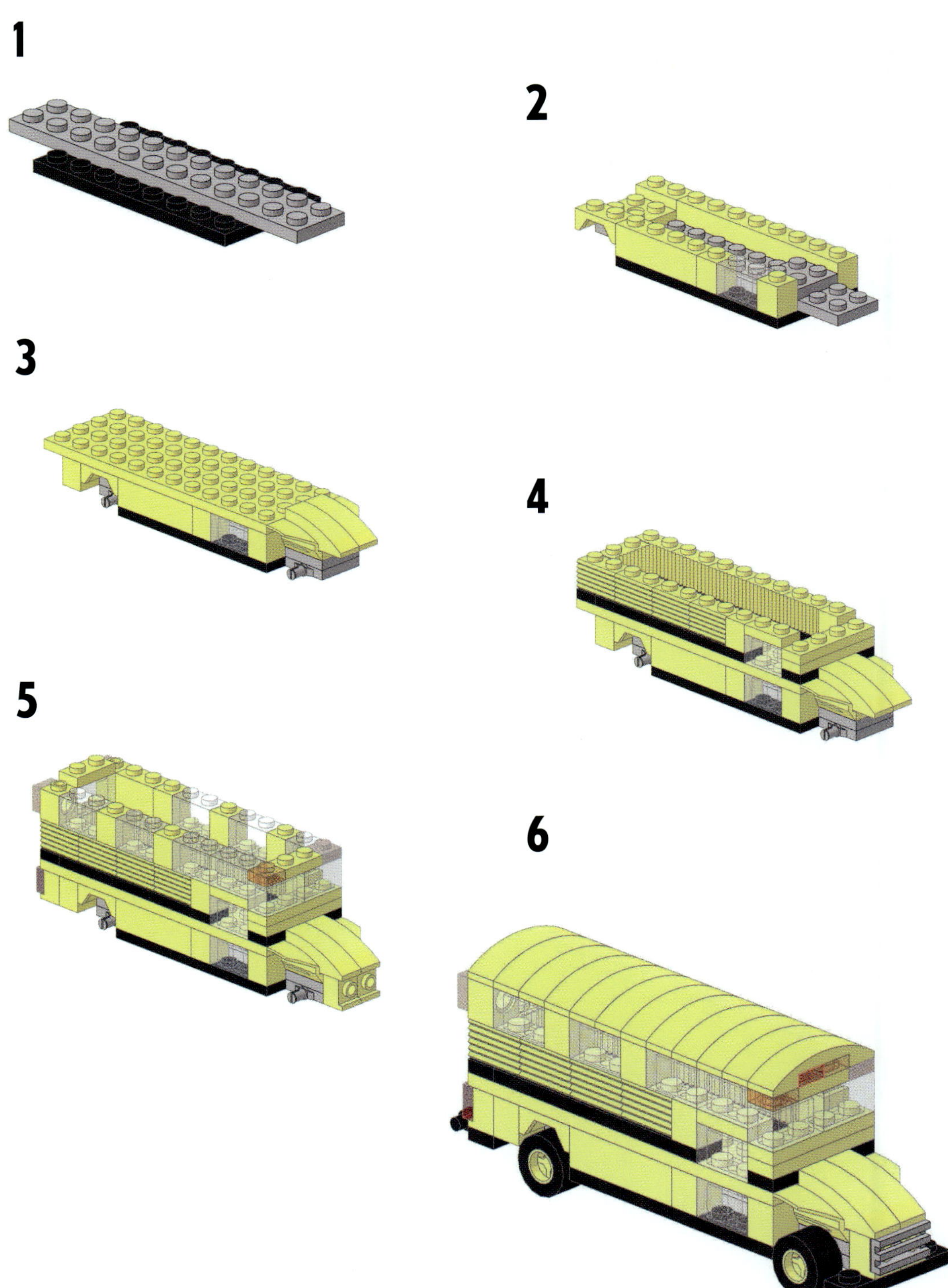

VW-Camper

Den unumstrittenen Klassiker erkennt man überall auf der Welt. Das Synonym für die Hippie-Bewegung, Woodstock und die Surferkultur ist auch heute noch populär und von mehrtägigen Festivals nicht wegzudenken. Alte VW-Busse sind echte Sammlerstücke und dienen manchen noch immer als Feriendomizil. Unser hellorangefarbener Camper trägt das berühmte Ersatzrad vorn, als Kühler haben wir einen gerillten 1-x-2-Stein verwendet. Zahlreiche transparente 1-x-2-x-2-Steine stellen die vielen Fenster dar, damit auch die ganze Familie etwas sieht.

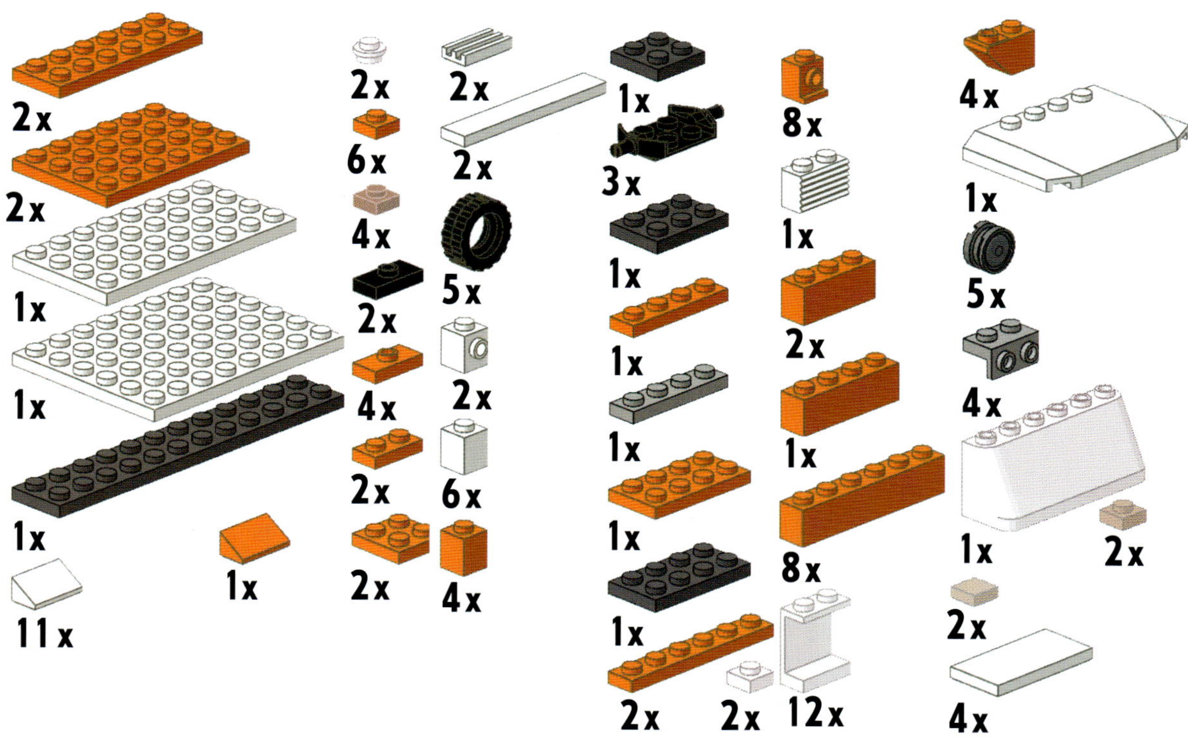

VW-Camper

1

2

3

4

5

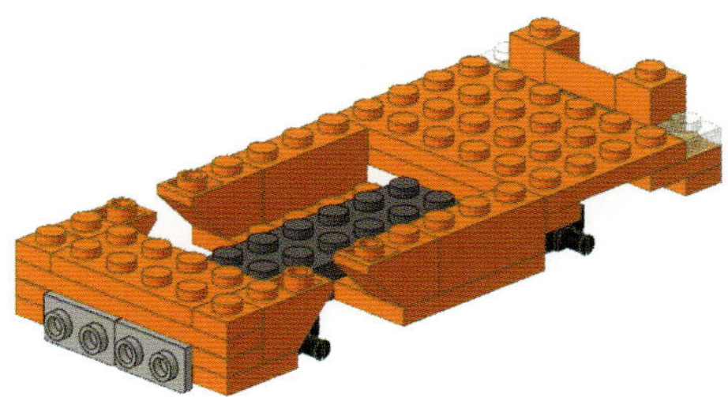

VW-Camper

6

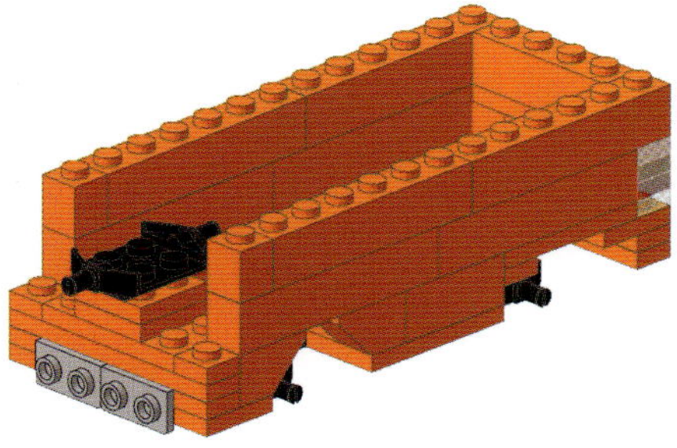

7

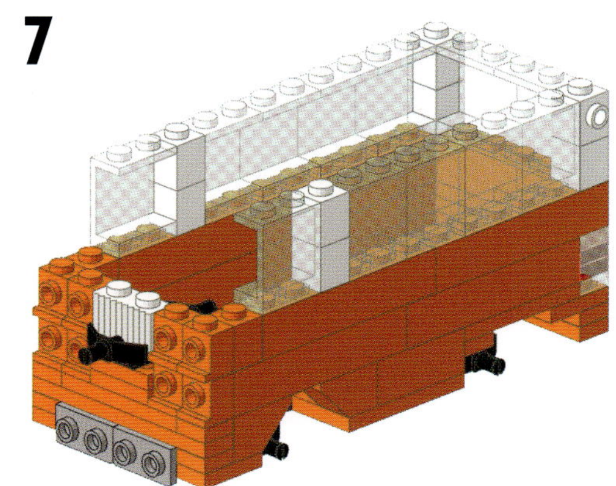

8

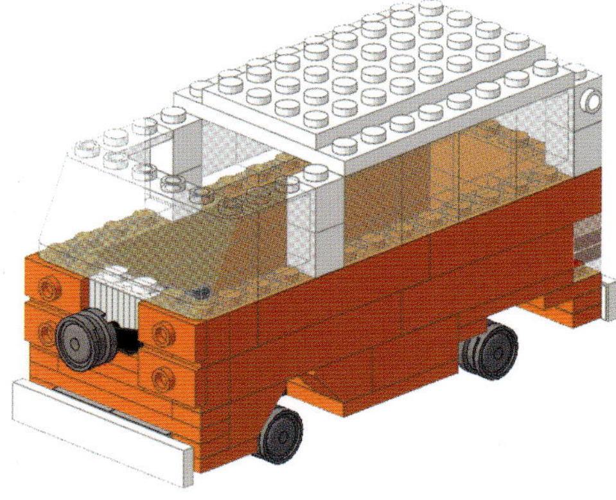

9

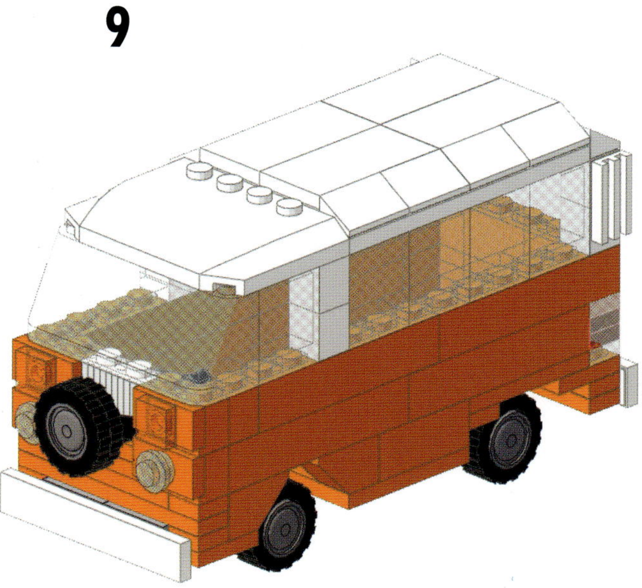

Gabelstapler

Gabelstapler sieht man in praktisch allen Lagerhallen und auf Schiffswerften; sie wurden gebaut, um schwere Ladungen über kurze Distanzen zu transportieren. Unser Modell ist batteriebetrieben, wie man an dem großen Akku hinten sieht, der das Gewicht auf den Metallgabeln vorne ausgleicht. Diese bestehen aus eigens für diesen Zweck von LEGO® hergestellten Teilen; sie sind zwar fast überall erhältlich, aber nicht Teil des CLASSIC-Sets. Die Kontrollleuchten an den langen Stangen sind für die Sicherheit unverzichtbar, wenn das Fahrzeug in Bewegung ist.

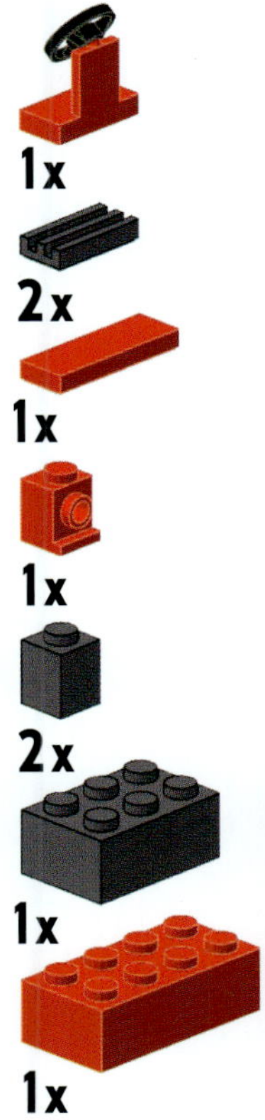

Gabelstapler

1

2

3

4

5

6

Gabelstapler

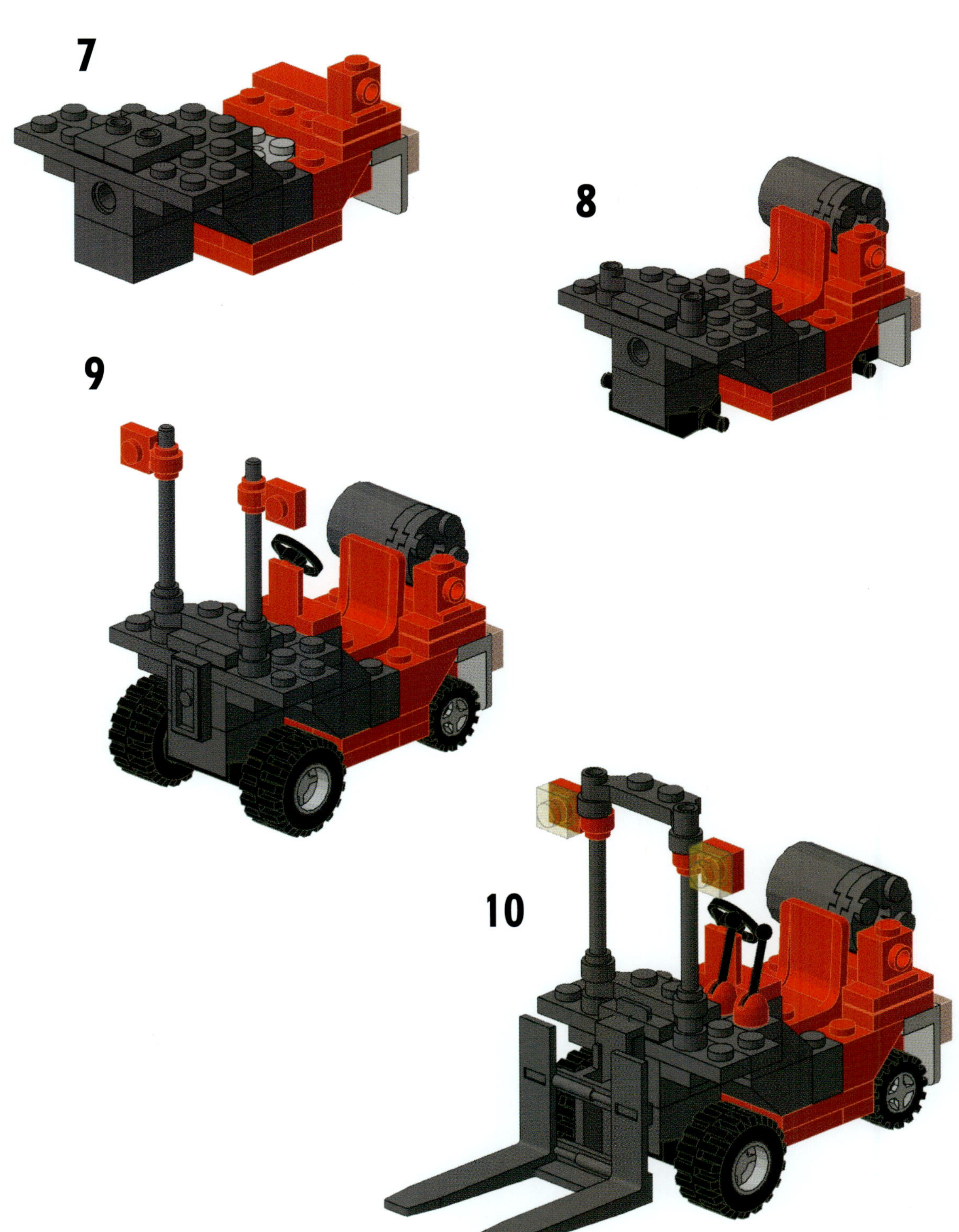

Autokran

Der Autokran ist die perfekte Möglichkeit, einen Kran ohne viel Aufwand zu einer Baustelle zu transportieren. Die hydraulisch betriebenen Fahrzeuge sind mit einem Auslegerkran auf einem Rad- oder Kettenfahrwerk ausgestattet und sofort einsatzbereit. Für den langen Ausleger haben wir einen 1-x-1-x-5-Säulenstein verwendet, für die Fahrerkabine einen durchsichtigen 1-x-2-Stein. Der Kran verfügt über vier zweipaarige Achsen, als seitliche Stützen dienen 1-x-2-Dachsteine mit 45-Grad-Schräge. Sie sorgen für Stabilität, wenn der Kran Lasten hebt.

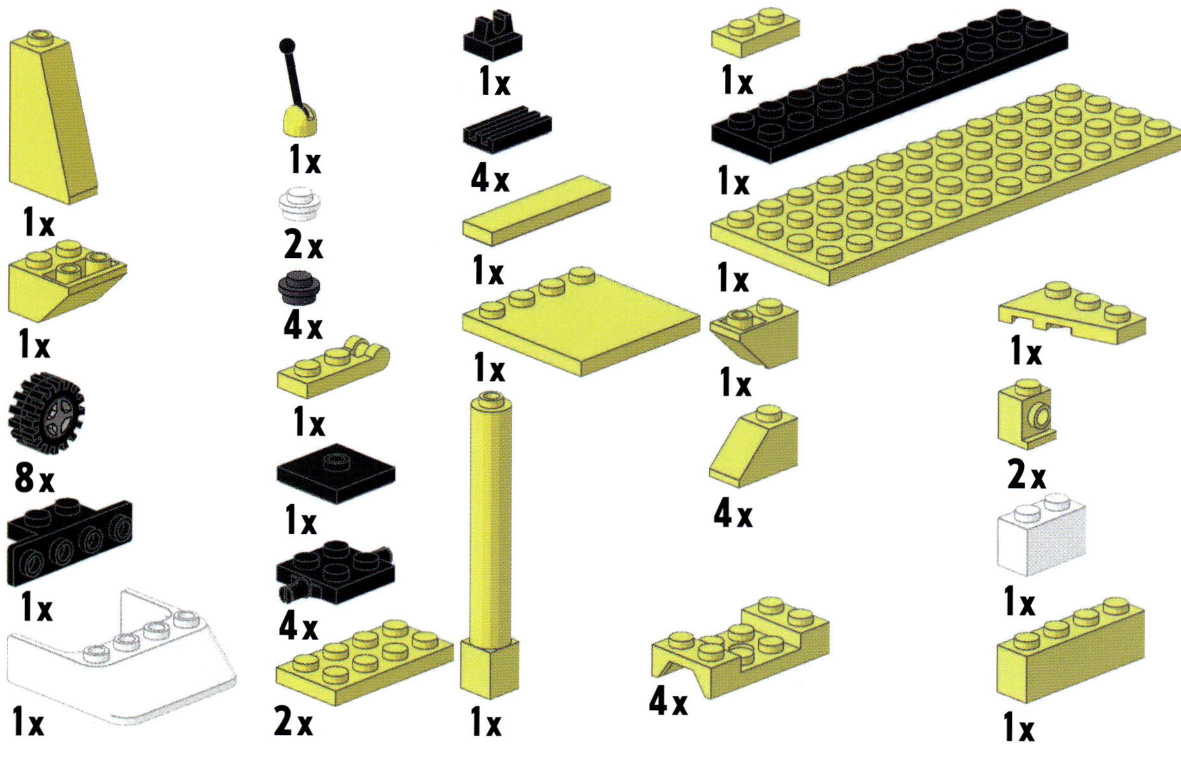

Autokran

1

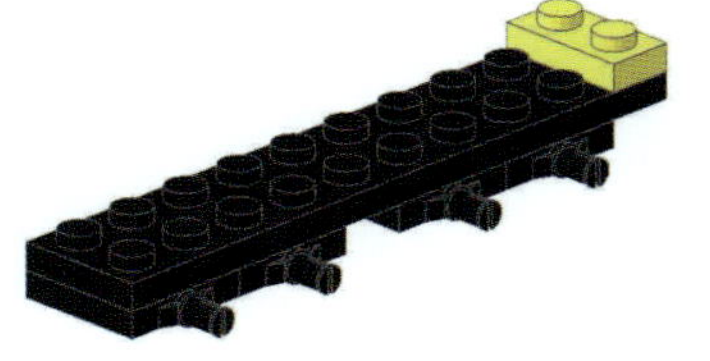

2

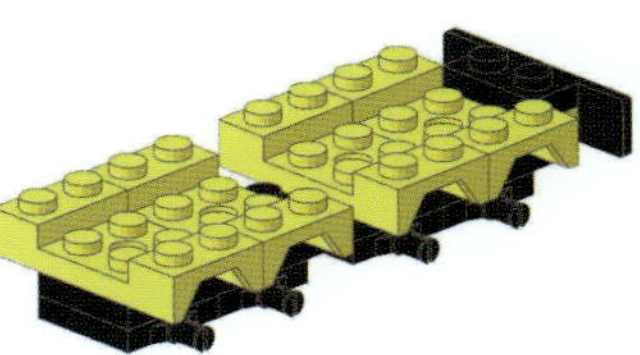

3

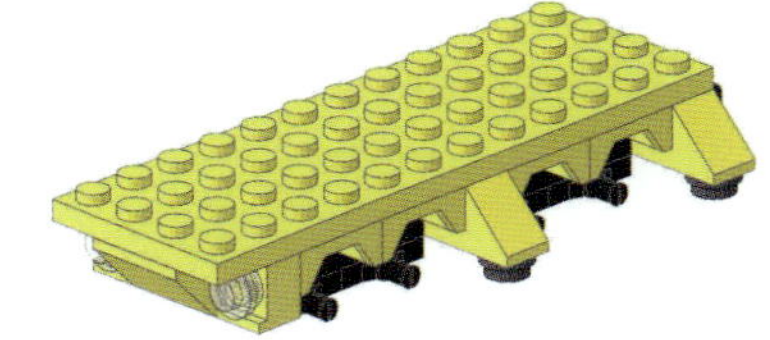

4

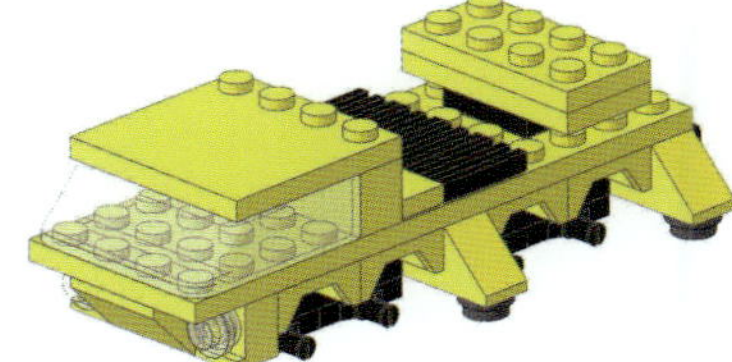

5

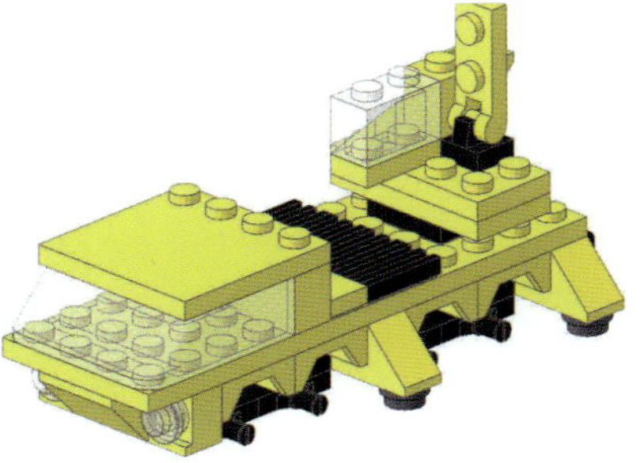

6

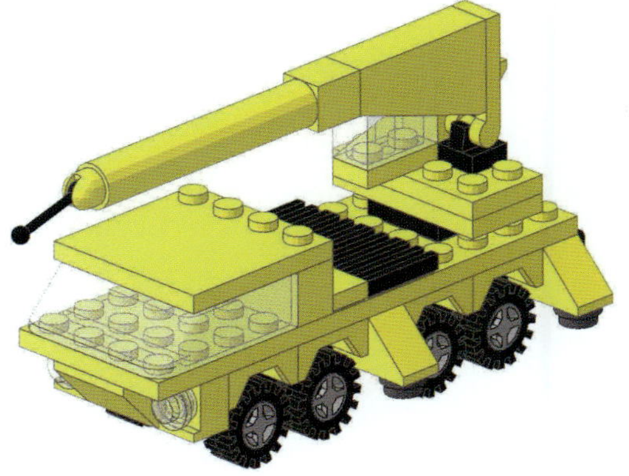

Sportwagen

Wer einen leistungsstarken Leichtgewichtsschlitten mit bequemem Handling und einigen PS unter der Motorhaube will, sollte sich einen Sportwagen zulegen. Ob in der Luxus- oder Grundausstattung – er ist flach und schick, die windschnittige Karosserie macht ihn sehr schnell. Die Windschutzscheibe unseres Modells besteht aus durchsichtigen 2-x-2-Dachsteinen mit 45-Grad-Schräge, die kleinen Rundschrägen der Motorhaube verleihen ihm seine Eleganz. Der ebenfalls gewölbte Spoiler rundet das Ganze ab.

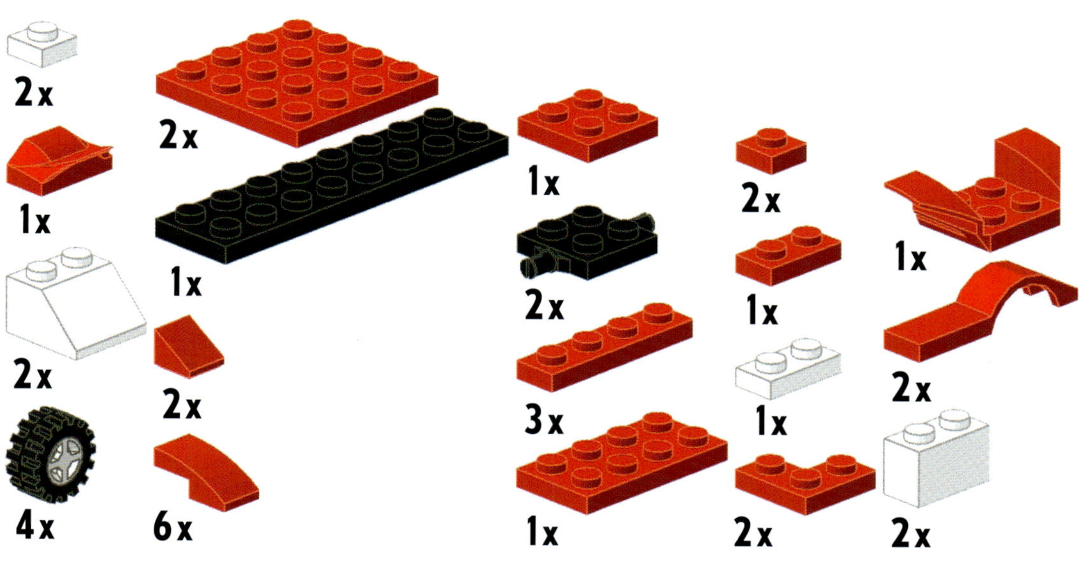

Sportwagen

Bagger

Der Bagger ist der König auf jeder Baustelle. Wenn ein Mann mit Schaufel nicht mehr ausreicht, kommt er ins Spiel und buddelt Löcher jeder Größe. Den Typ JCB® hat 1948 Joseph Cyril Bamford entwickelt, nach ihm ist auch dieser Typ benannt. Unser Bagger ist leuchtend gelb – wie alle Geräte von JCB seit 1951. Es gibt inzwischen mehr als 150 verschiedene Modelle, wir haben uns für einen Baggerlader entschieden. Die Schaufel besteht aus zwei umgedrehten Stuhlteilen.

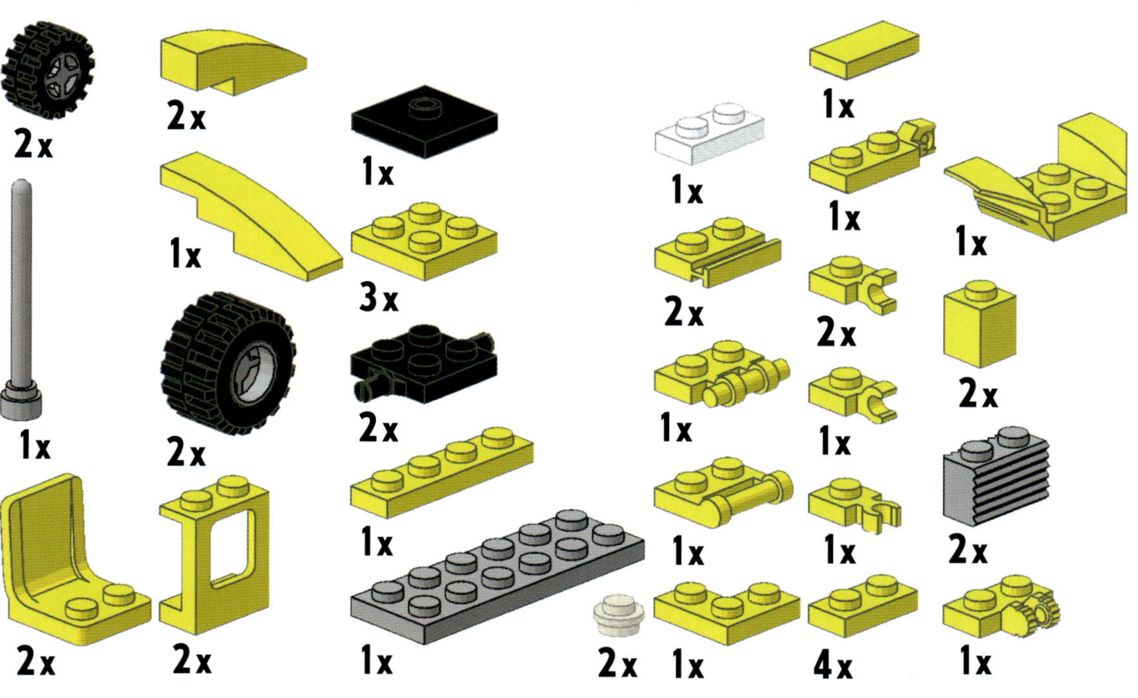

Bagger

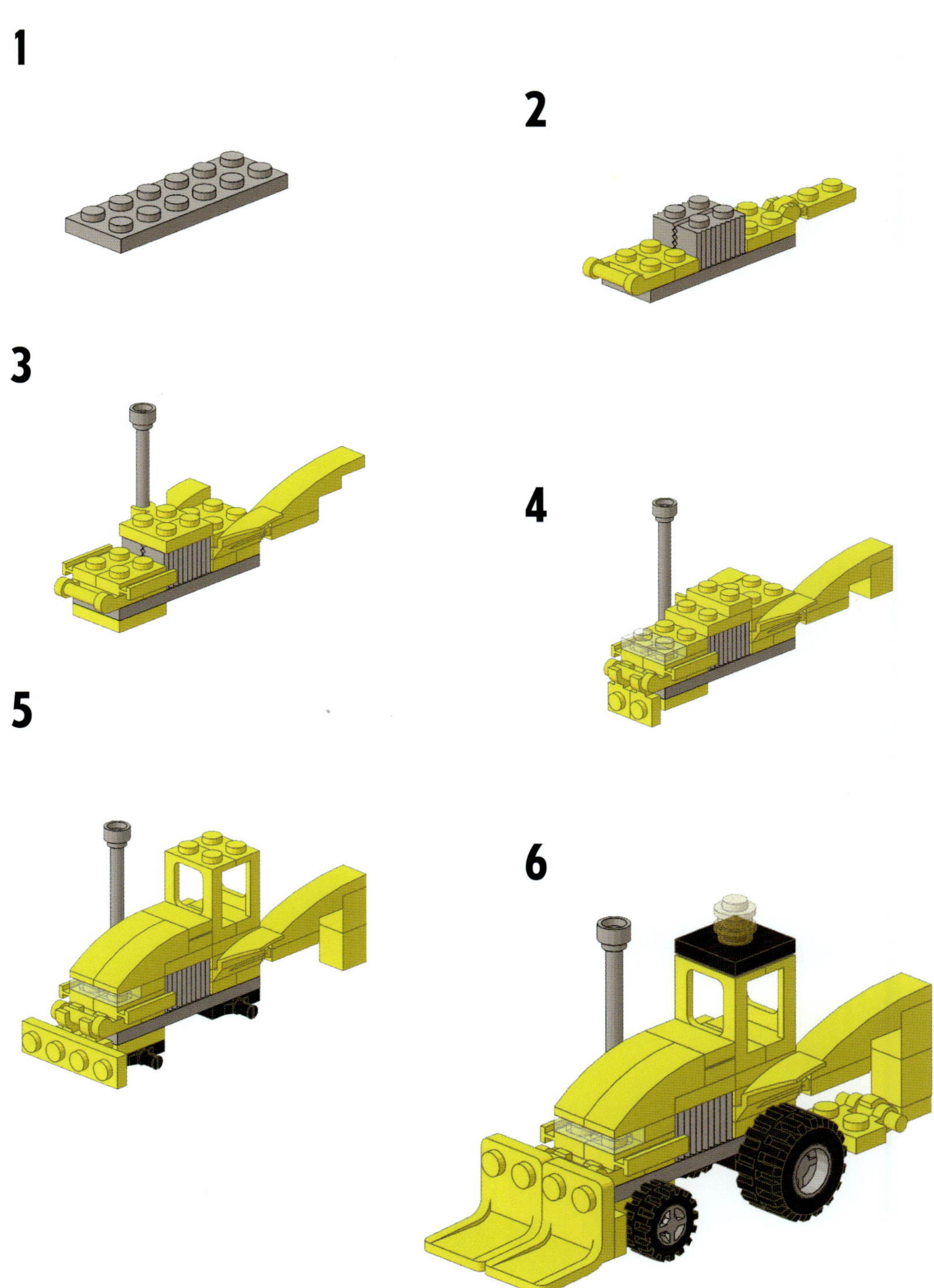

Schneepflug

Es schneit ... es schneit stärker ... Zeit für den Schneepflug! Dieses Fahrzeug ist so konstruiert, dass es spielend auch mit den heftigsten Schneestürmen fertig wird, und meist mit einer Streuvorrichtung ausgestattet, damit die Straße nach dem Räumen nicht vereist. Die Fahrgestellseiten bestehen aus abgeschrägten 1-x-4-Steinen, die Schaufeln aus keilförmigen 2-x-4-Steinen auf einer Halterung. Über der Fahrerkabine sind große Warnlichter angebracht, die andere Verkehrsteilnehmer auf das Kommen des Schneepflugs aufmerksam machen.

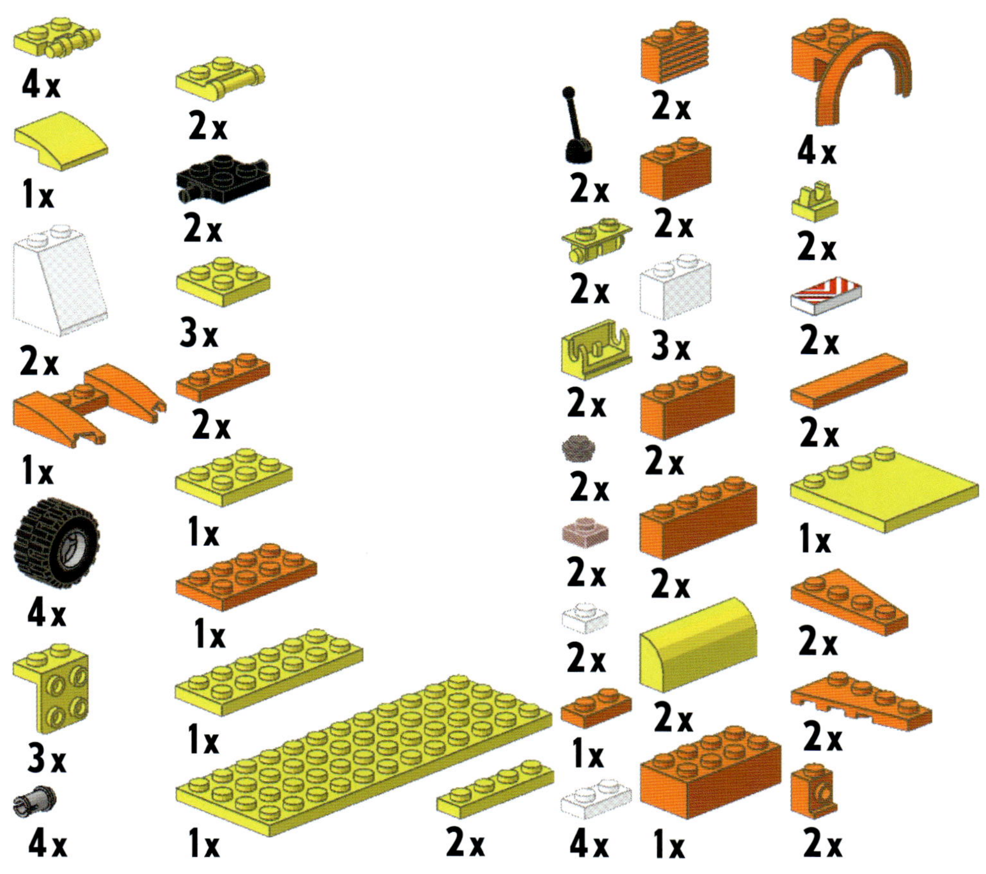

Schneepflug

1

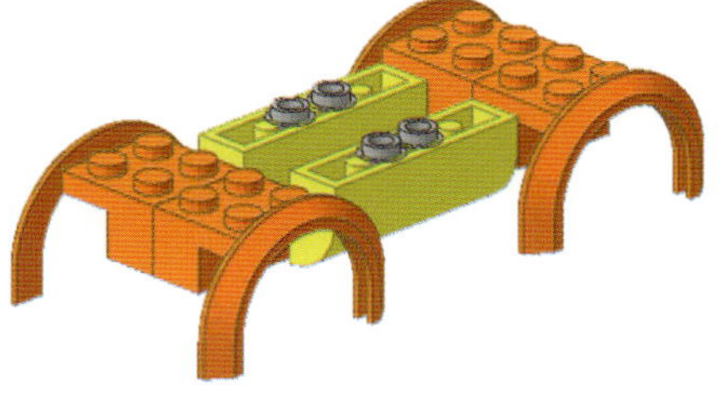

2

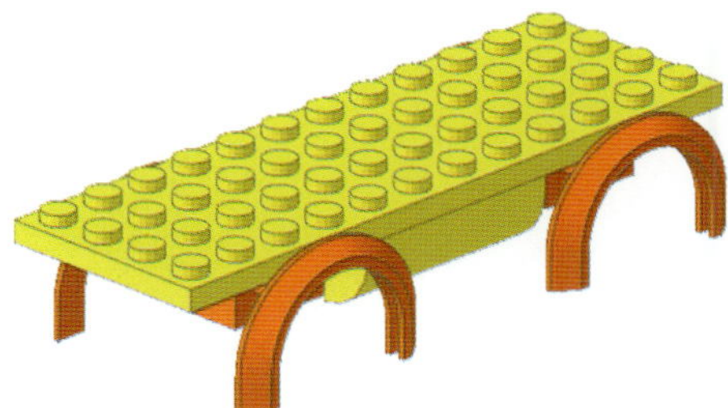

3

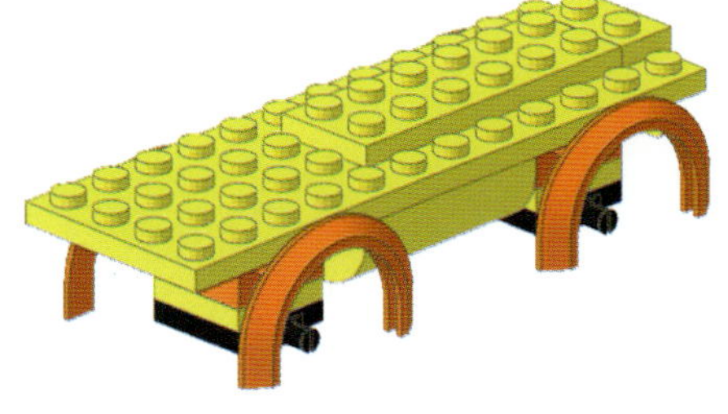

4

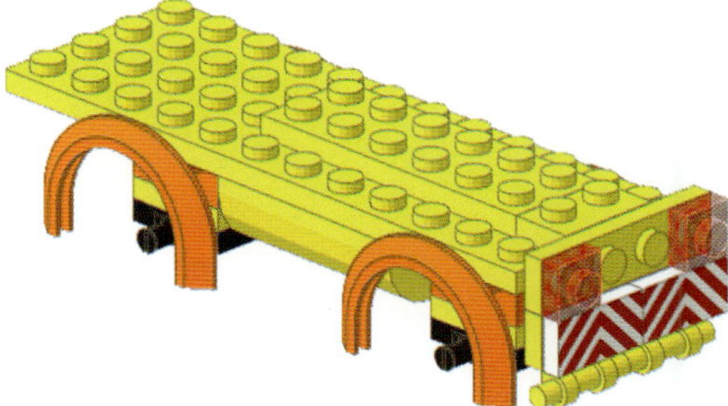

5

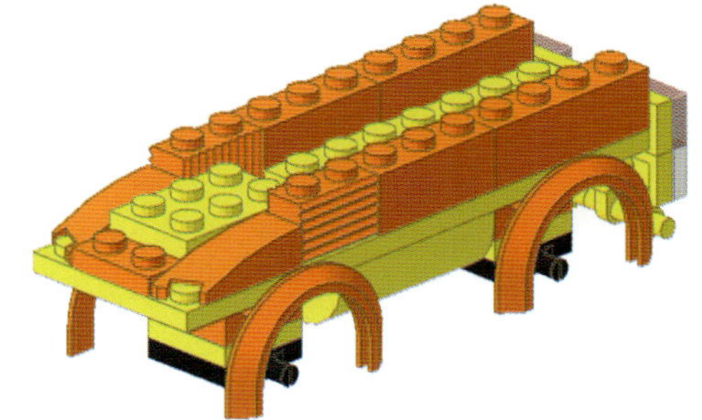

Schneepflug

6

7

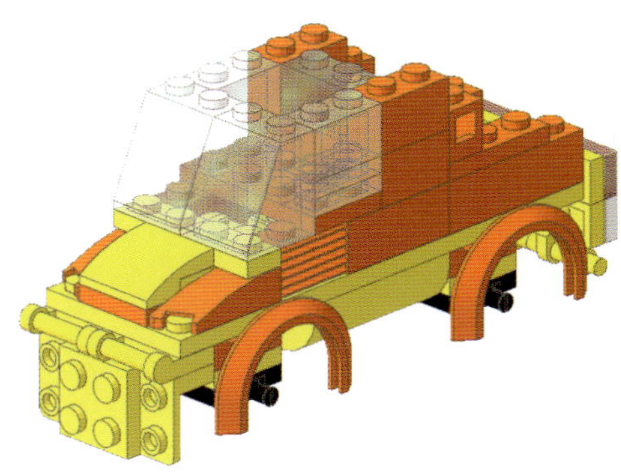

8

9

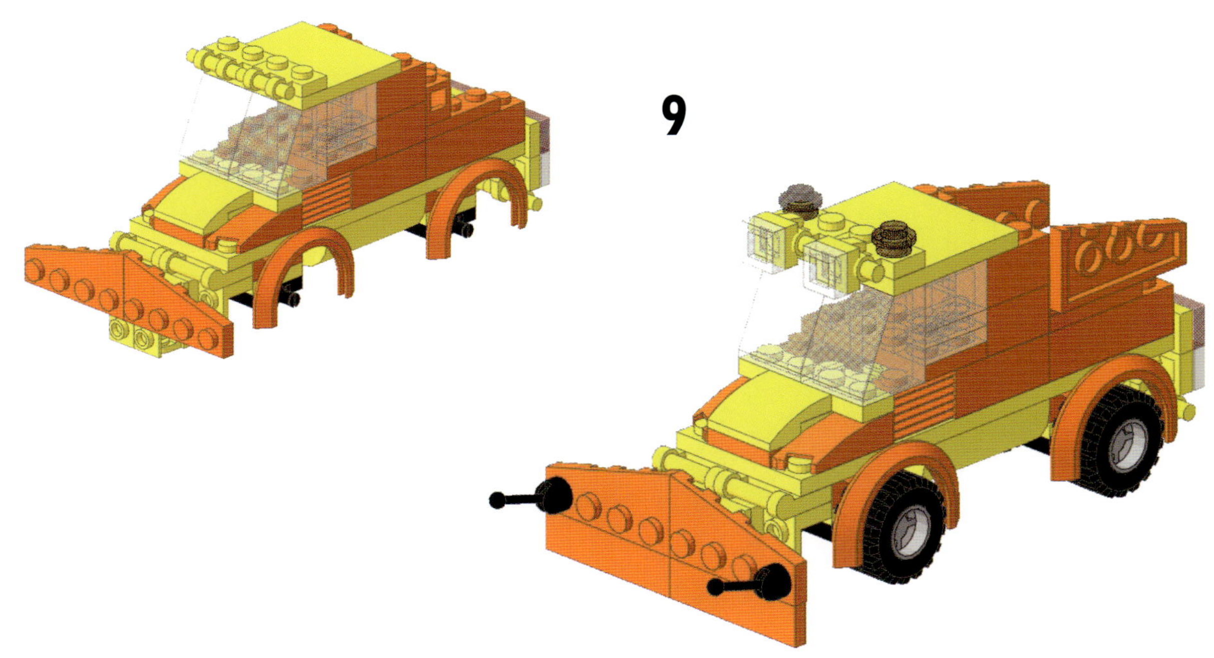

Beton-mischer

Einen Betonmischer erkennt man sofort an dem großen Mischbehälter auf dem Rücken des Lasters. Damit transportiert er den Beton zu Baustellen und mischt ihn dabei ununterbrochen, damit er nicht aushärtet. Wir haben die Trommelform des Mischbehälters auf einem gelben Laster montiert. Die dicken Räder sind ideal für matschige Baustellen. Die Betonschütte hinten besteht aus 1-x-2-Schrägsteinen, einem 1-x-1-Stein mit Clip und einem 1-x-2-Stein mit Querhantel.

Betonmischer

Betonmischer

7

8

9

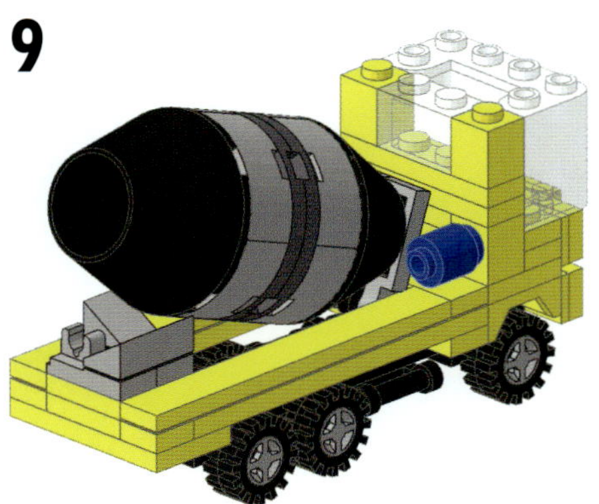

10

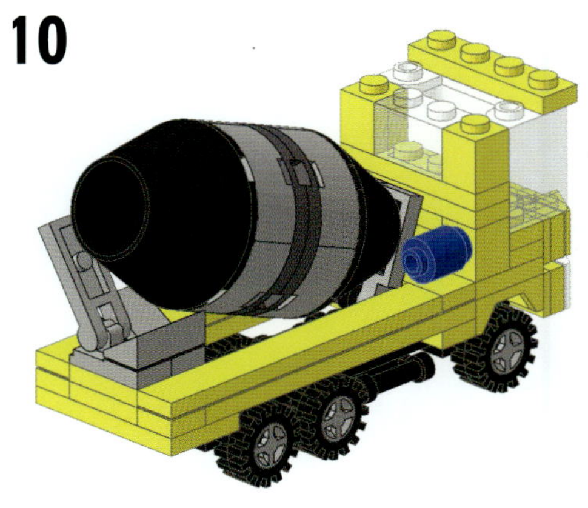

11

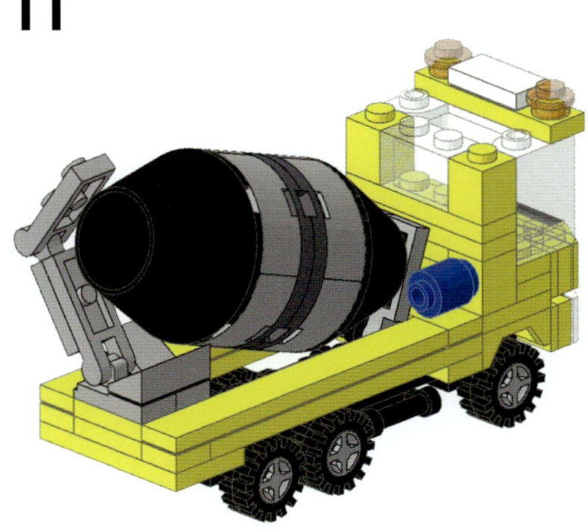

12

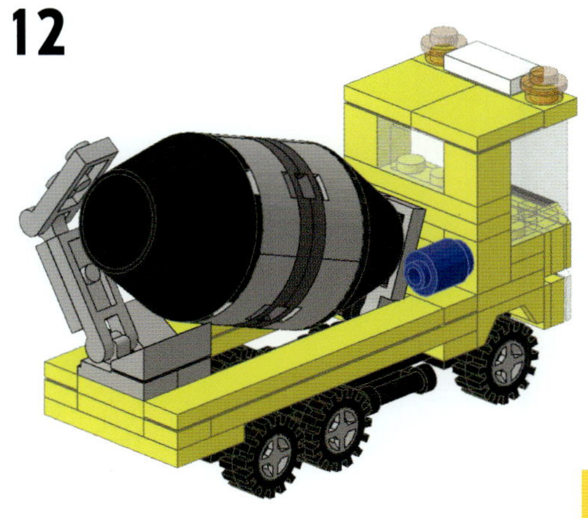

Feuerwehr-auto

Ohne Feuerwehrautos mit Leiter und Wasserschlauch würden wir sehr gefährlich leben. Das LEGO®-Rot passt ausgezeichnet zu diesem Fahrzeug. Wir haben unser Modell im Mikromaßstab gebaut, um euch zu zeigen, wie ihr 1-x-2-Platten mit zwei Clips als Achshalter für die Räder verwenden könnt. Neben der Ausrüstung, die Feuerwehrmänner brauchen, um Feuer zu löschen, verfügen die Autos auch über laute Sirenen und Blaulicht, damit sie sich freie Fahrt verschaffen können. Dafür eignen sich die transparenten blauen Fliesen optimal.

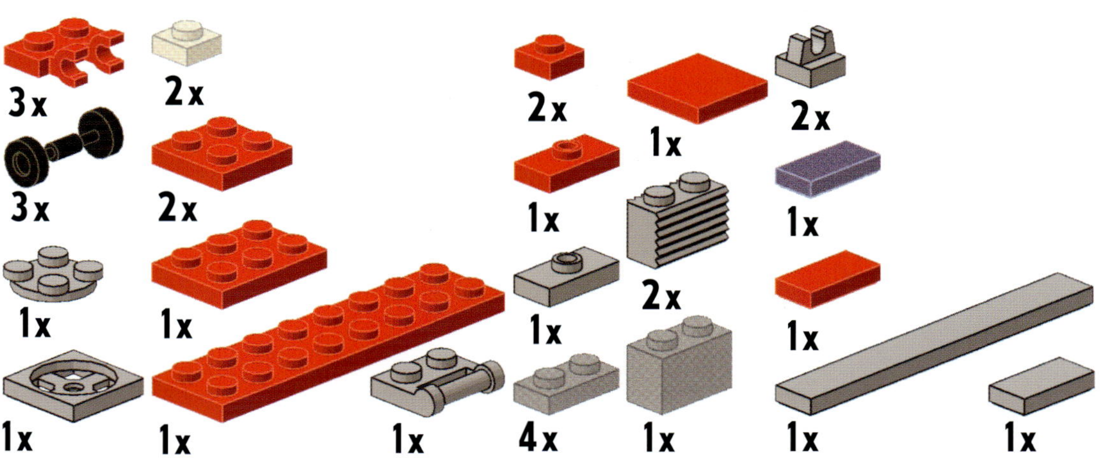

Feuerwehrauto

1

2

3

4

5

6

Polizeiwagen

Polizeiwagen sind je nach Land bzw. Stadt sehr unterschiedlich. In Dubai beispielsweise sind es meist umgebaute Sportwagen, weil diese so schnell sind! Nichtsdestoweniger sind alle mit gemeinsamem Standardzubehör ausgestattet, etwa mit Sirene und Blaulicht, und mit dem jeweiligen Polizeiabzeichen versehen. Wir haben bei unserem Modell im Mikromaßstab mit dem kleinen Räder-Achsen-Teil begonnen, für die Karosserie haben wir weiße und blaue Steine verwendet. Die Lichter sind mit durchsichtigen roten, blauen und gelben 1-x-2-Platten nachgebaut.

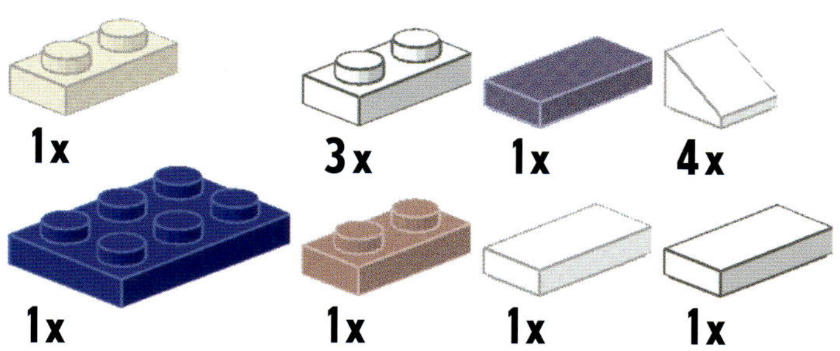

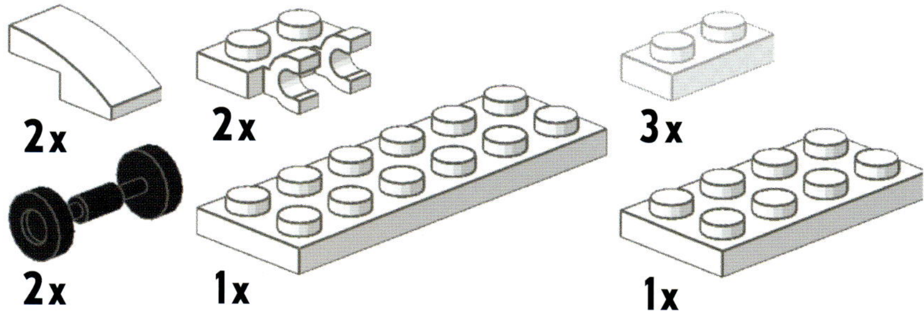

Polizeiwagen

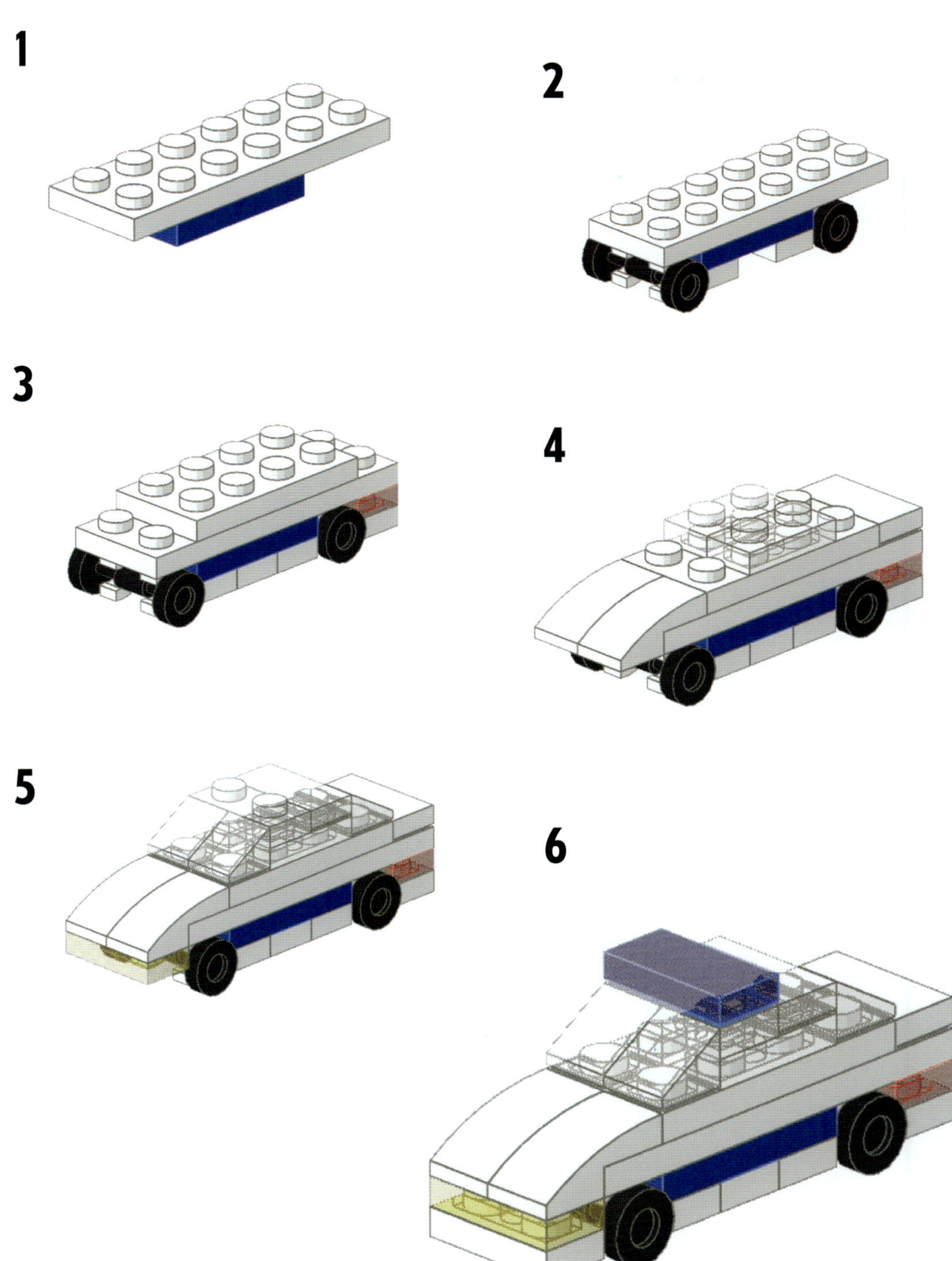

Rennwagen

Es gibt kaum schnellere Autos als Formel-1-Rennwagen. Sie sind leicht und besitzen einen einzelnen Schalensitz, ein offenes Cockpit und große Flügel. Der Motor liegt hinter dem Fahrer. Mit ihrem schlanken, tiefgelegten und aerodynamischen Design erreichen sie eine Geschwindigkeit von über 300 Stundenkilometer. Für unser Modell im Mikromaßstab haben wir 1-x-1-Platten mit Lampenhalter verwendet, um die beiden Seiten des blauen Fahrersitzes miteinander zu verbinden. Die Rundschrägen verleihen dem Wagen seine charakteristische Form.

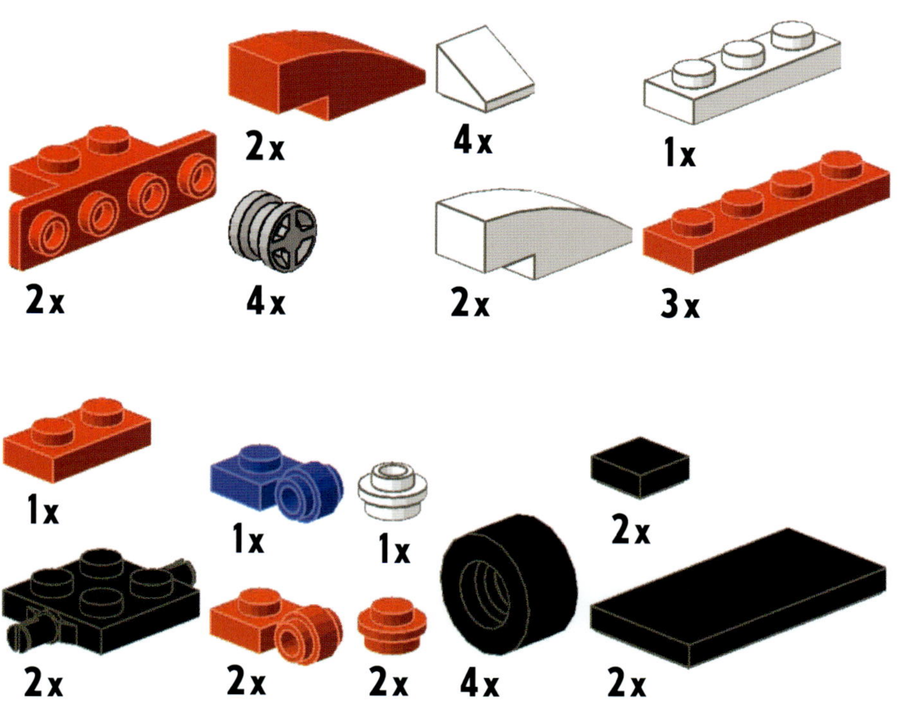

Rennwagen

1

2

3

4

5

6

7

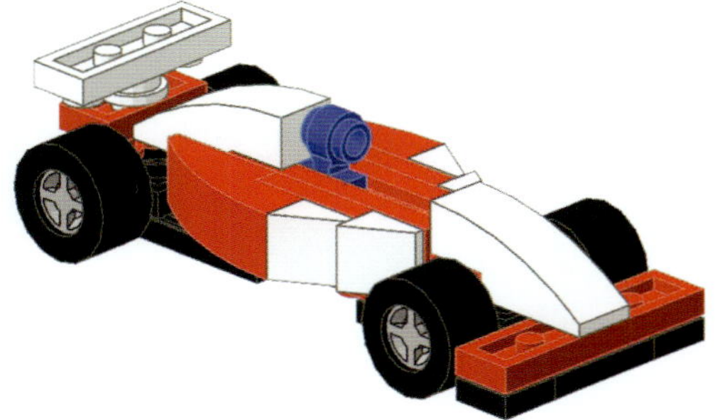

Auto-transporter

Der Autotransporter ist ein spezielles Aufliegerfahrzeug, mit dem mehrere Autos auf einmal transportiert werden können, z. B. von der Fabrik zum Händler. Sie bestehen meist aus zwei Etagen mit bis zu fünf Autos. In der Regel überragt die oberste Ebene die Fahrerkabine, über eine Rampe hinten werden die Autos auf- und abgeladen. Für unseren Transporter haben wir sieben einfache Autos im Mikromaßstab gebaut.

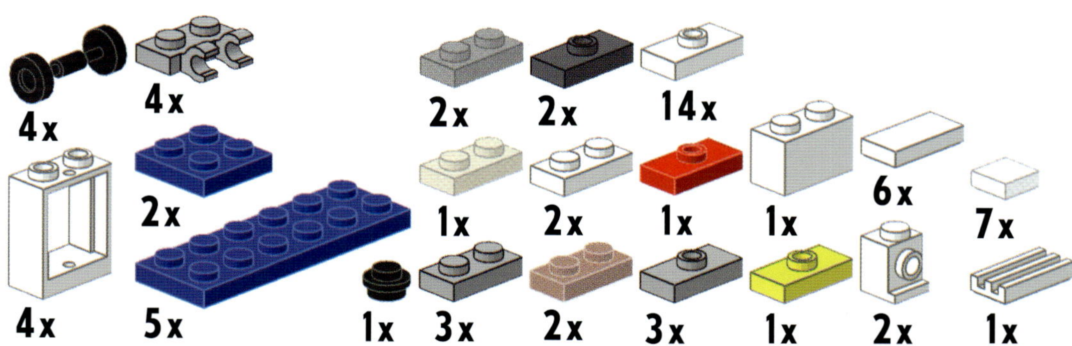

Autotransporter

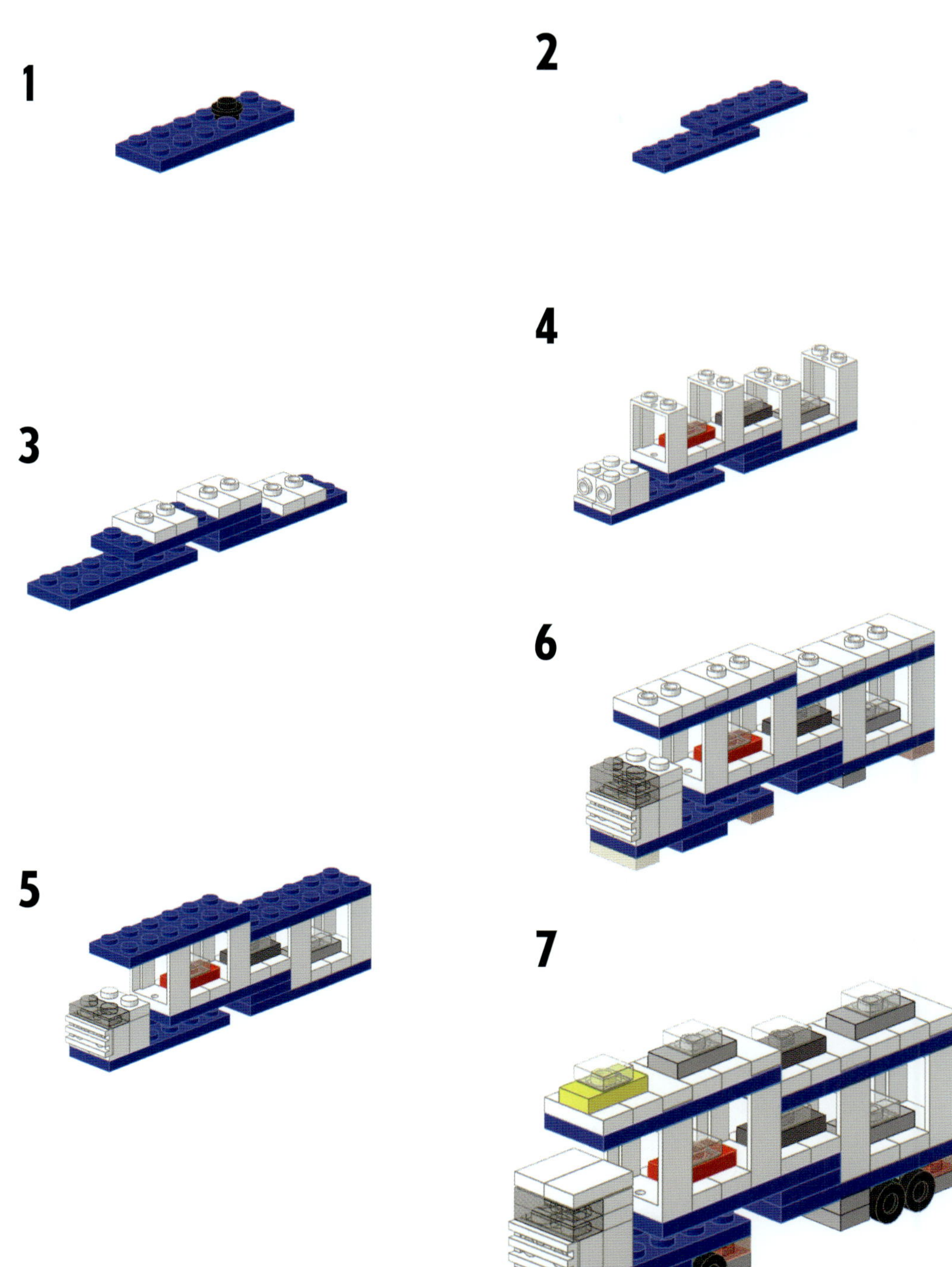

Quad

Das Quad ist der Traum jedes Adrenalin-Junkies! Mit seinen Niederdruckreifen kann das Geländefahrzeug mühelos durch Schlamm und Flüsse sowie bergauf fahren. Wie bei einem Motorrad sitzt der Fahrer rittlings auf dem Sitz, über eine Lenkstange steuert er das Fahrzeug und reguliert die Geschwindigkeit. Durch seine vier Räder hat das Quad auch bei niedrigeren Geschwindigkeiten mehr Stabilität. Neben den üblichen Vierradtypen gibt es auch Modelle mit sechs Rädern.

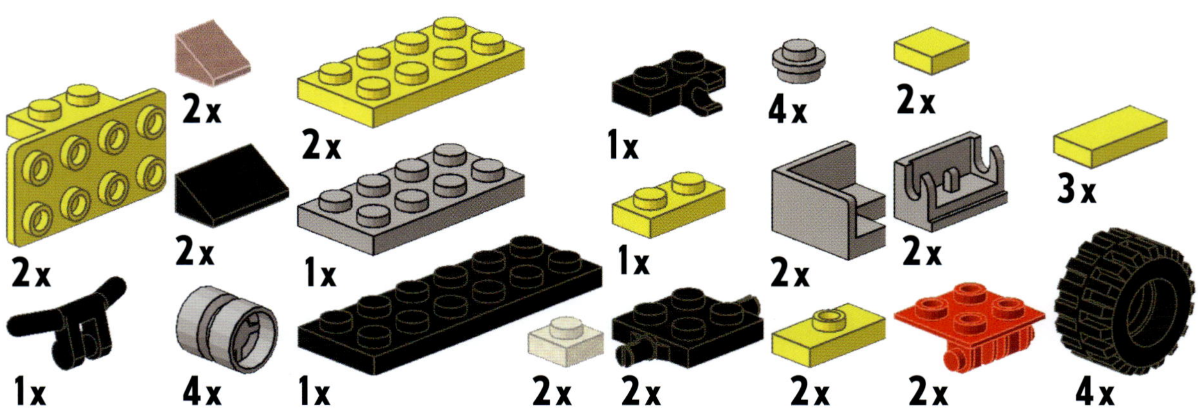

Quad

1

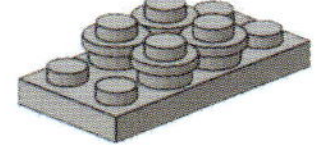

2

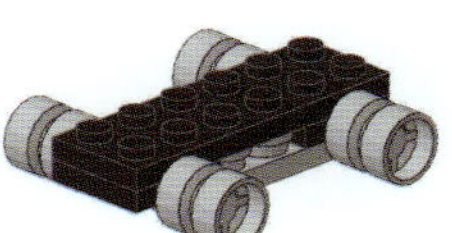

3

4

5

6

7

Rolls-Royce

Für den schönsten Tag im Leben beschließen viele Paare, in einem besonderen Wagen zu ihrer Hochzeitszeremonie zu fahren. Eine sehr beliebte Wahl ist ein Rolls-Royce, der sich durch seine speziell gewölbten Radkästen und den prägnanten Kühler auszeichnet. Dafür haben wir runde Schrägsteine und Halbbogensteine verwendet. Unser Modell ist in klassischem Hochzeitsweiß mit roten Plüschsitzen gehalten. Außerdem haben wir die typische Abstufung der Karosserie nachgebaut. Der unverwechselbare Kühler und die typische Tempelform runden das Ganze ab.

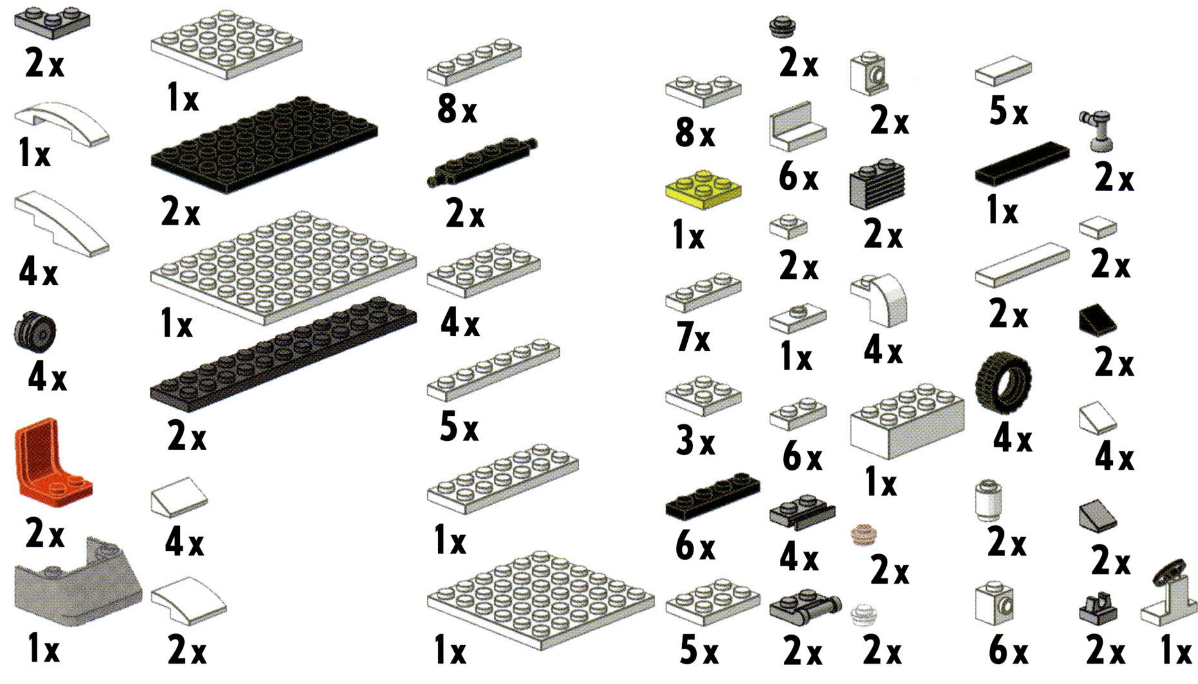

Rolls-Royce

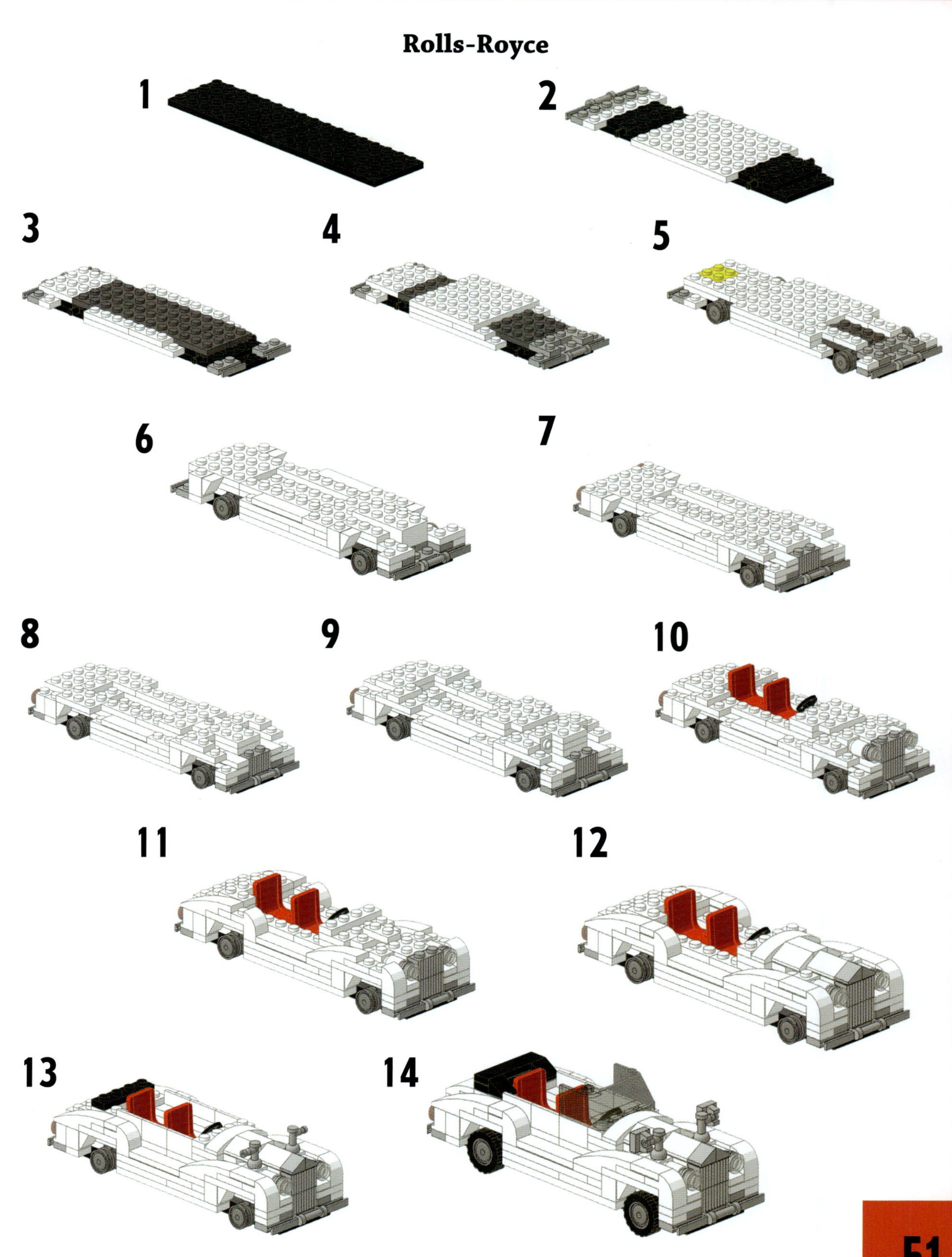

Tanklaster

Tanklaster transportieren nicht nur Flüssigkeiten wie Benzin oder Milch, sondern auch Trockengut wie Mehl oder auch Gase. Der versiegelte Container ist auf die Ladefläche des Lasters montiert. Die Luken auf dem Dach des Containers dienen dem Be- und Entladen über Schläuche. Für das Dach unseres Tanklastercontainers haben wir eine Kombination aus 1-x-2- und 4-x-2-Halbbogensteinen verwendet. Die Verbindung besteht aus 2-x-2-Fliesen mit zentraler Noppe (Jumper), die Lukenabdeckungen aus runden 1-x-1-Fliesen.

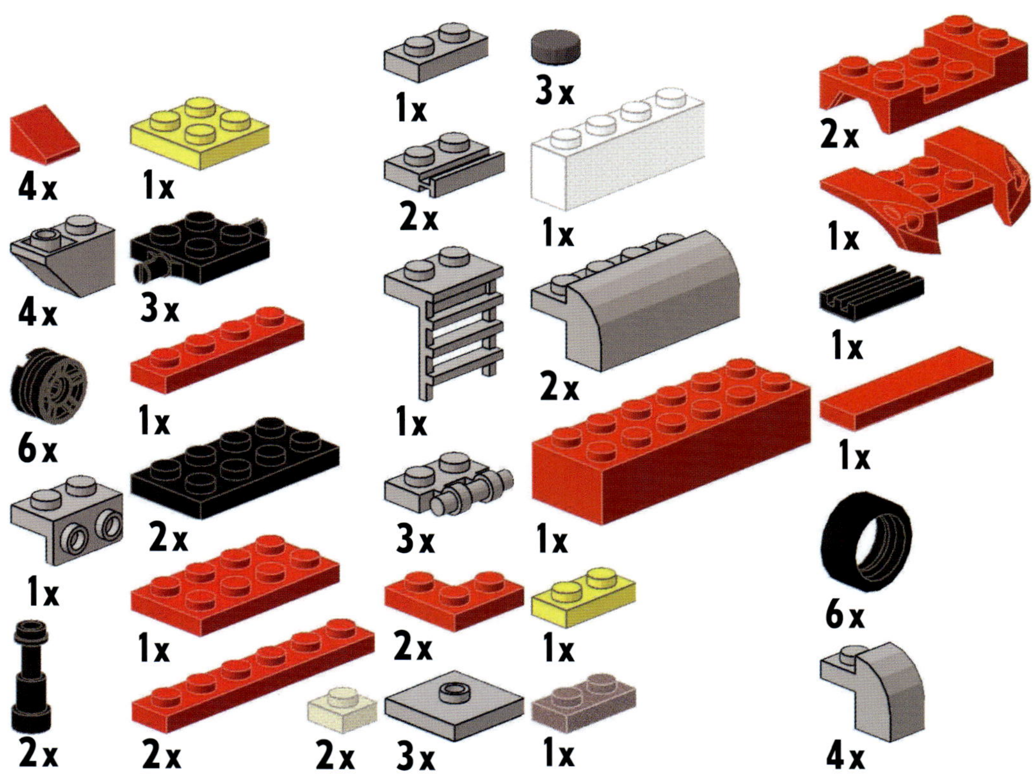

Tanklaster

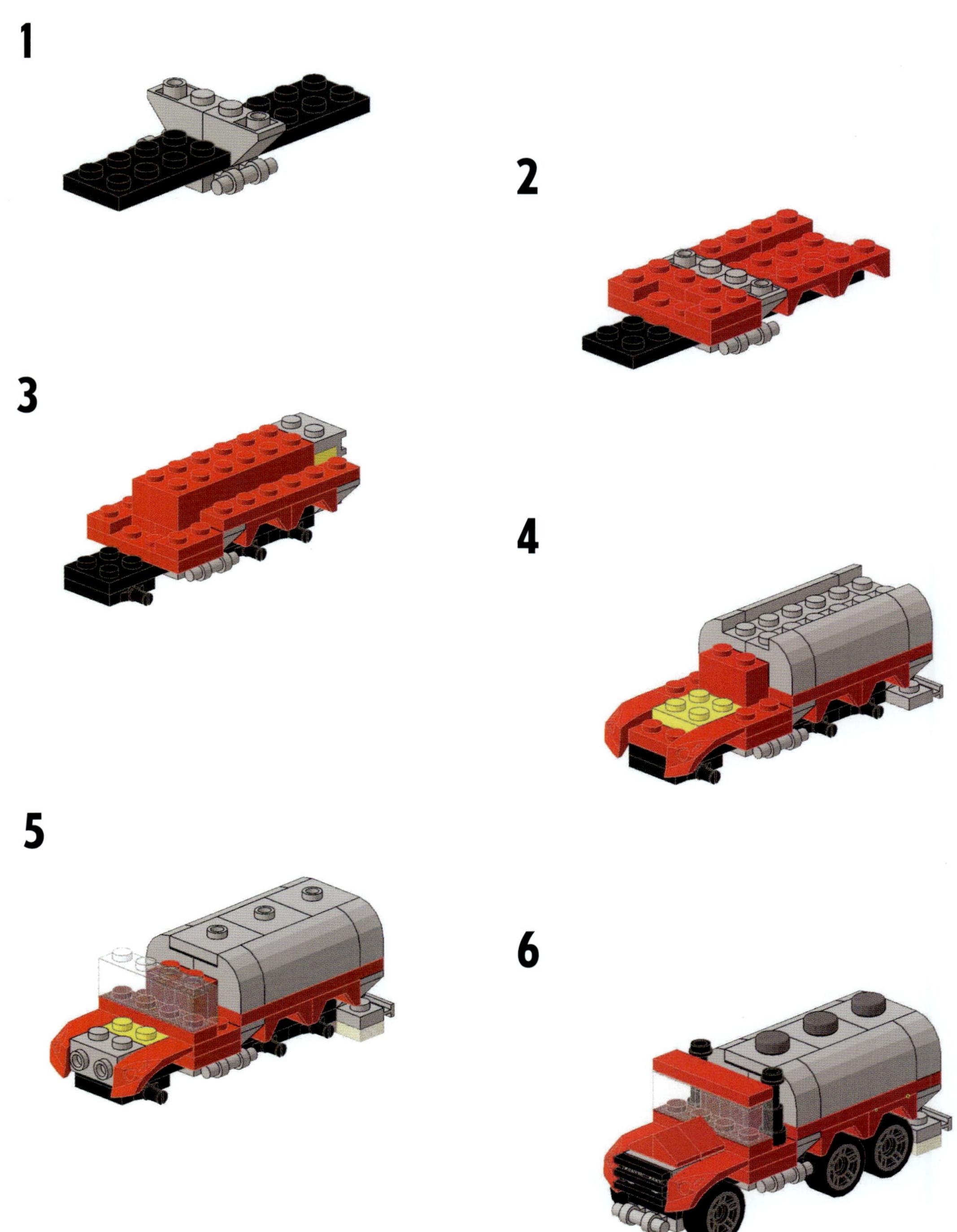

Traktor

Der Traktor ist des Bauern Freund und kommt überall auf der Welt in der Landwirtschaft zum Einsatz. Mit dem leistungsstarken Motor und den massiven Hinterrädern besitzt er die Bodenhaftung, die er braucht, um bei jedem Wetter matschige Felder zu beackern. Wie die meisten Traktoren ist auch unser grasgrünes Modell oben offen, der Überrollbügel gewährt dem Fahrer im Falle eines Unfalls Schutz. Traktoren können zu verschiedenen Landwirtschaftsgeräten umfunktioniert werden. Da der Fahrer so weit oben sitzt, haben wir eine kleine Treppe aus 1-x-2-Steinen angefügt.

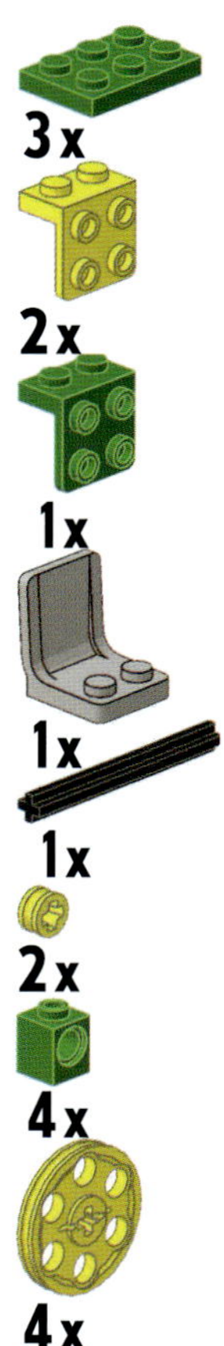

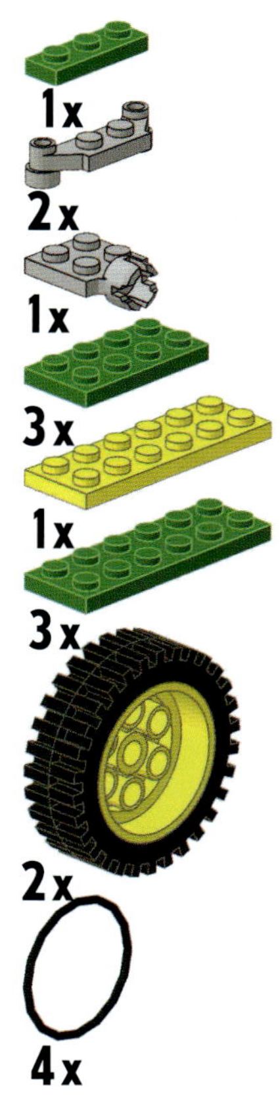

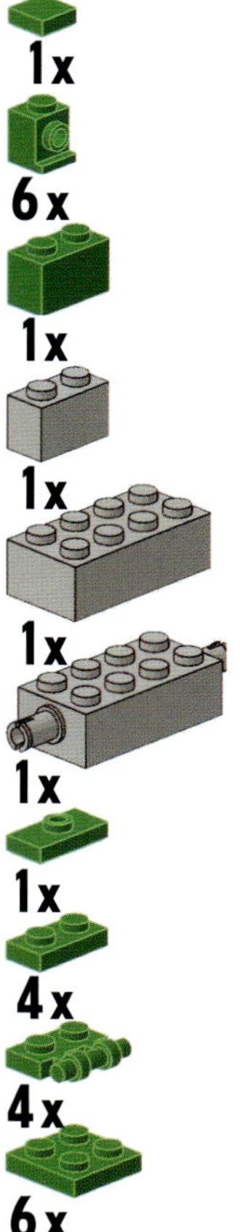

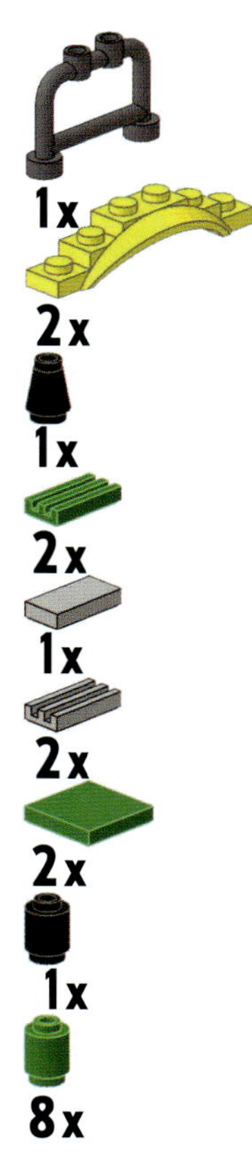

Traktor

1

2

3

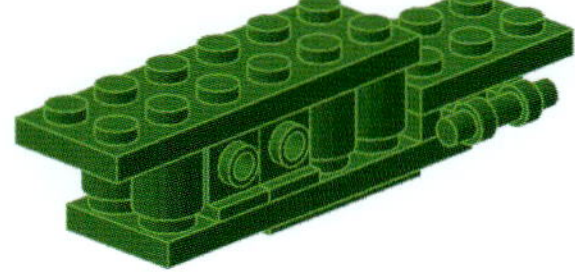

4

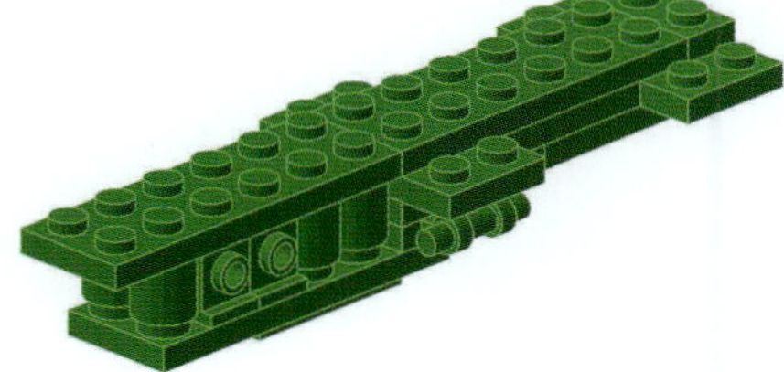

5

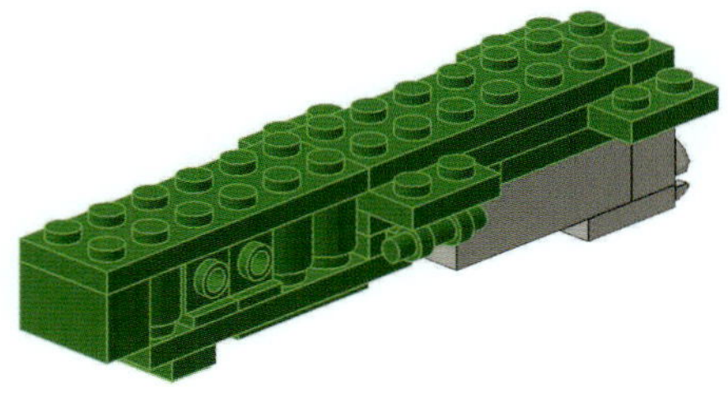

6

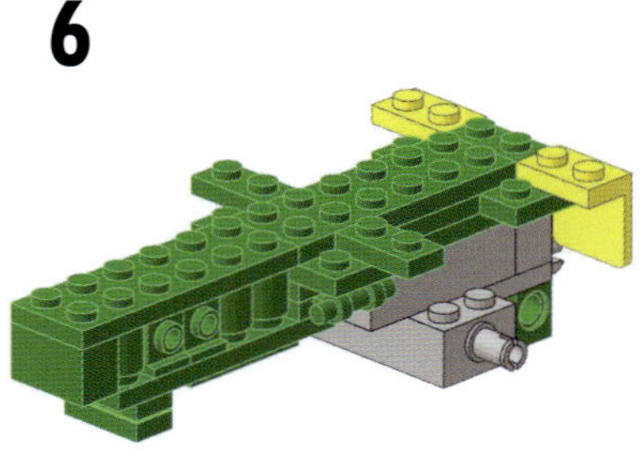

7

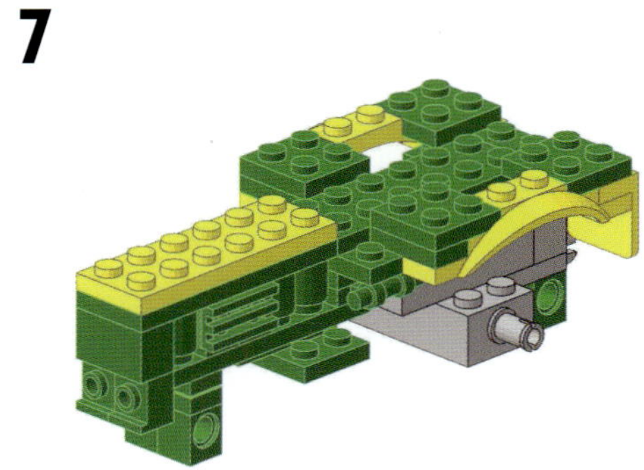

8

9

Planierraupe

Ihr wollt ein Gebäude dem Erdboden gleichmachen oder ein Stück Land einebnen? Dann braucht ihr eine Planierraupe! Der Traktor mit einer großen Raupenkette auf jeder Seite und der großen Schaufel vorn kann riesige Mengen Erde oder Schutt mühelos beiseiteräumen. Zum Zerkleinern besonders harten Materials hat das Fahrzeug hinten oft noch eine spezielle Kralle. Für die typische abgerundete Front unseres Bulldozers haben wir Halbbogensteine verwendet. Die 1-x-2-Gitterfliesen dienen als Lüftungsventile zu beiden Seiten des Motors und als Kühler.

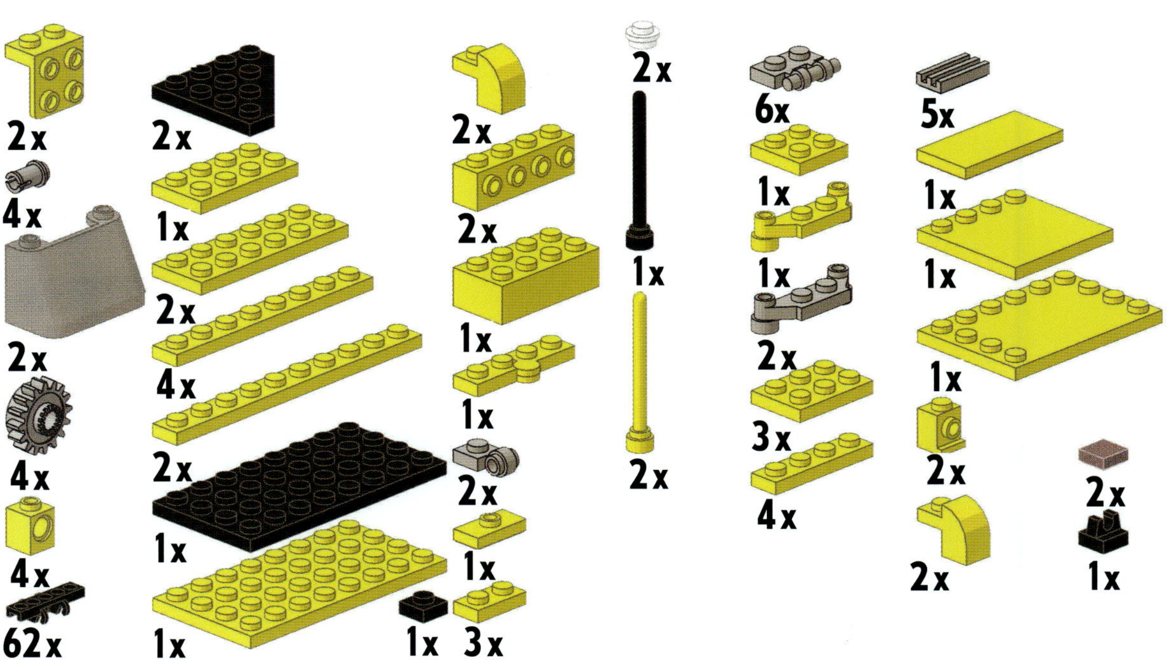

Planierraupe

1

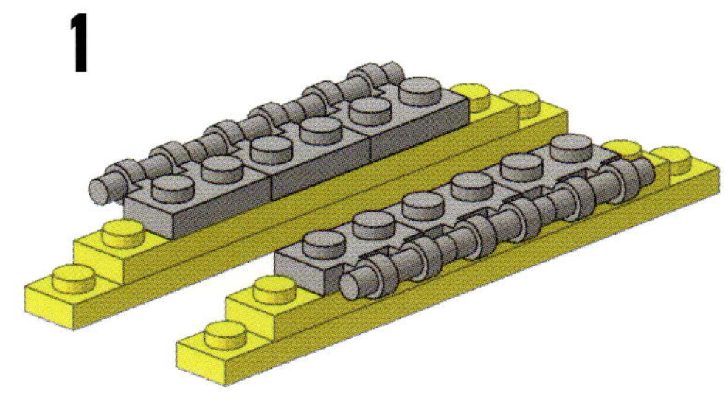

2

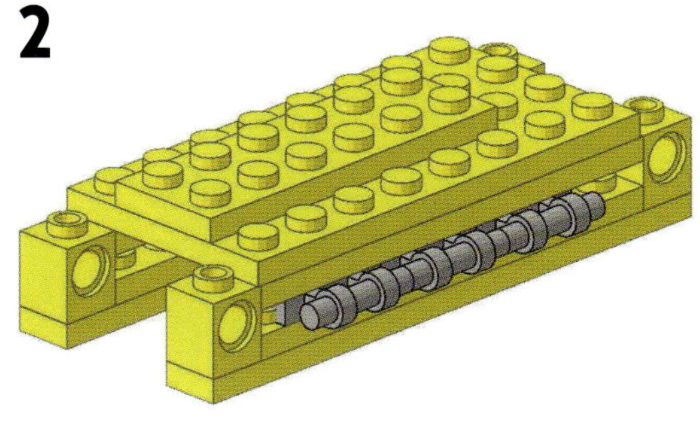

3

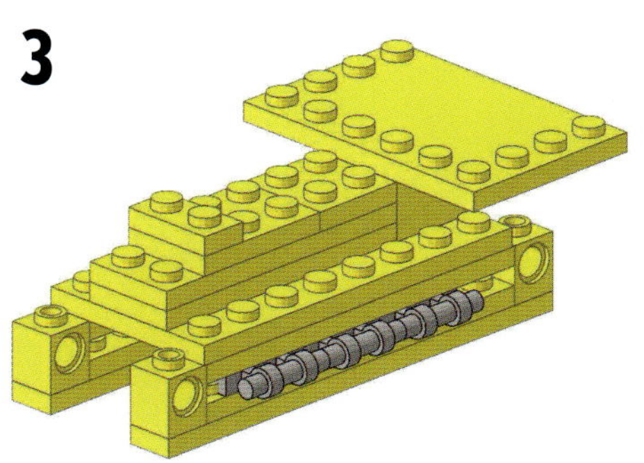

4

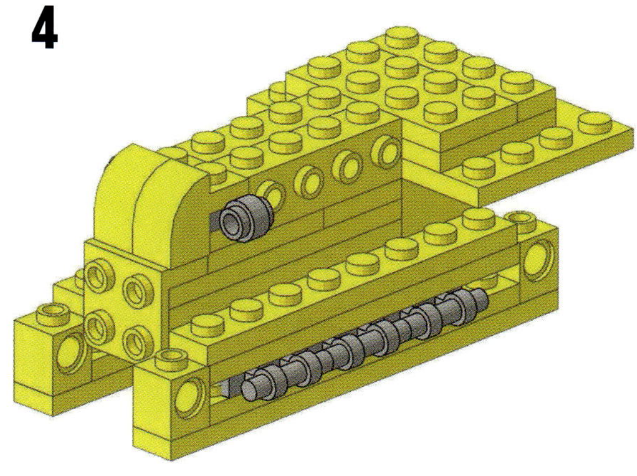

5

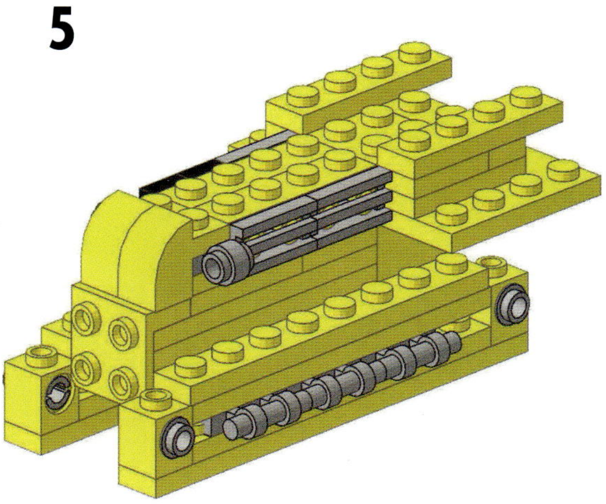

Planierraupe

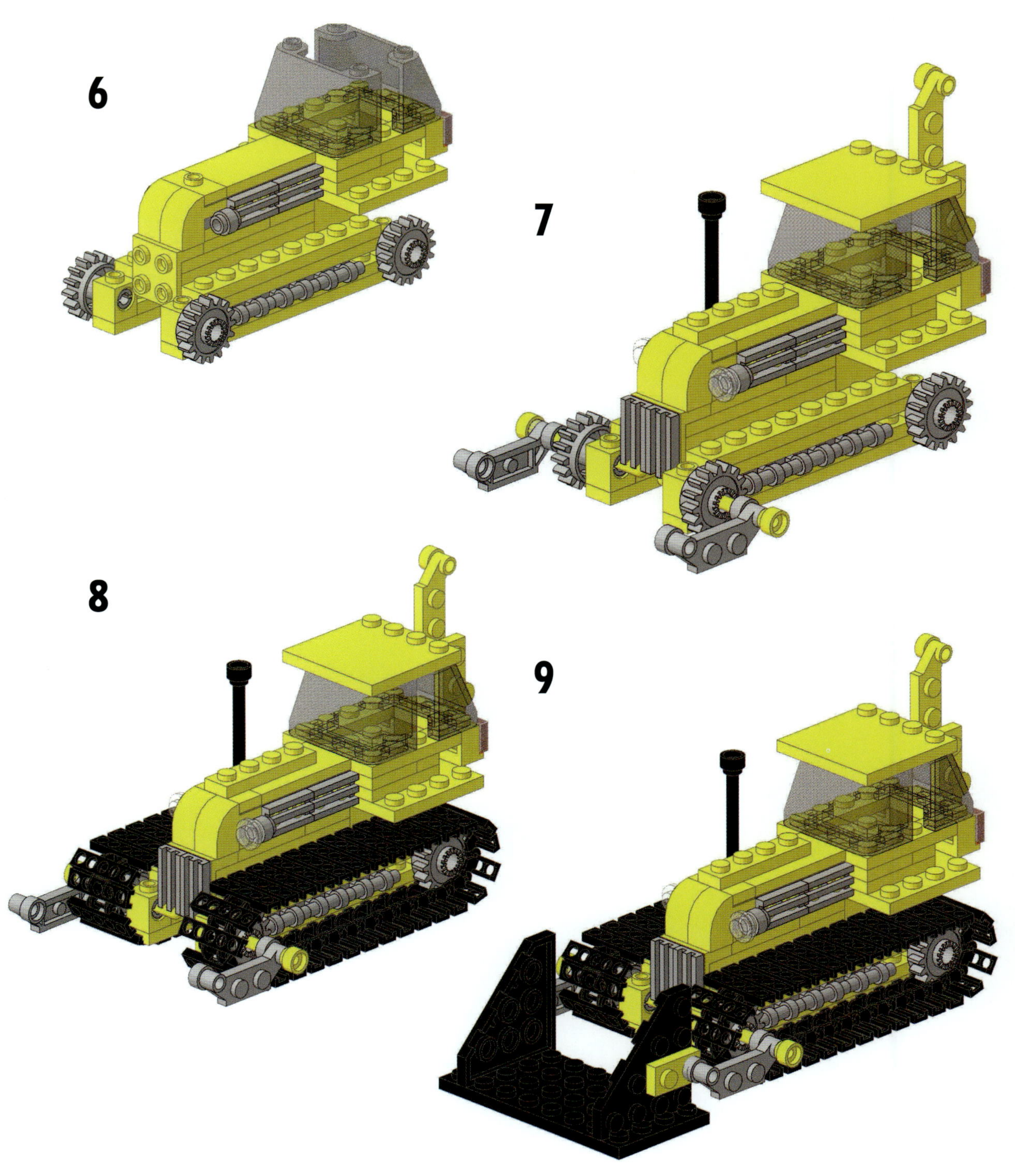

Kipplaster

Die großen Fahrzeuge transportieren enorme Mengen an Kies oder Sand und laden sie dort ab, wo sie gebraucht werden. Auf Baustellen und an Gruben sind sie ein häufiger Anblick – eben überall dort, wo schwere Ladungen Schüttgut von A nach B gelangen müssen. Der »Kippteil« des Lasters besteht aus einem hinten und oben offenen Kippcontainer hinter der Fahrerkabine. In unserem Modell haben wir den Kippcontainer auf zwei ausgesprochen solide Räderpaare montiert, die so konstruiert sind, dass sie mit jeder Ladung spielend fertigwerden.

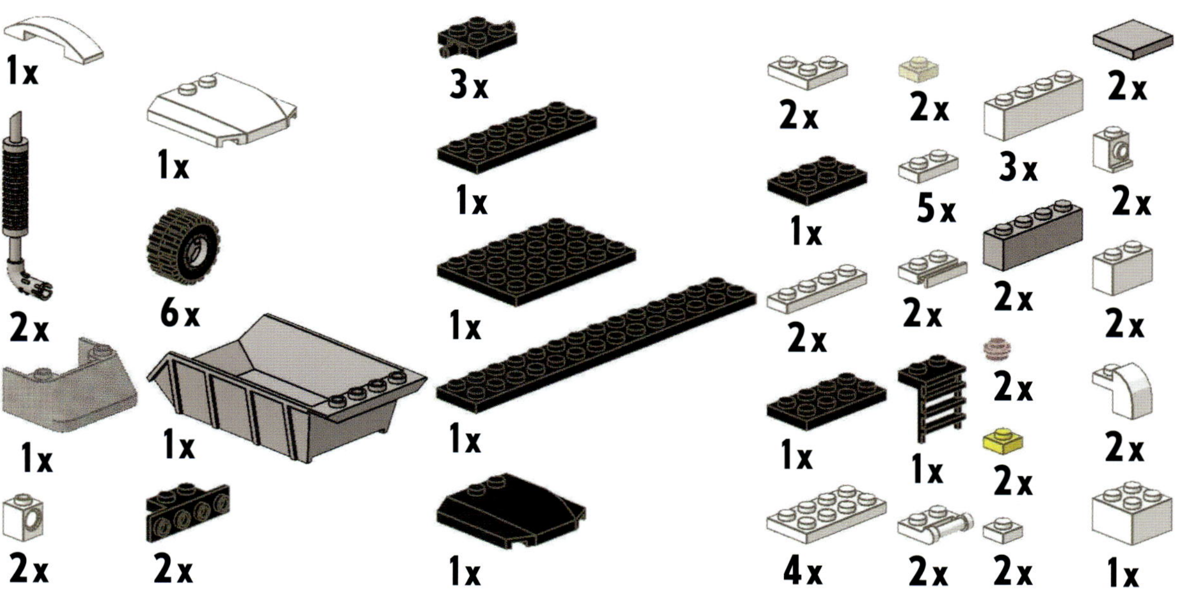

Kipplaster

1

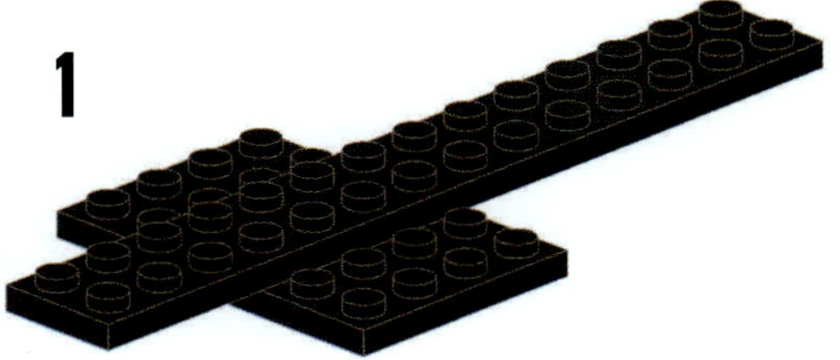

2

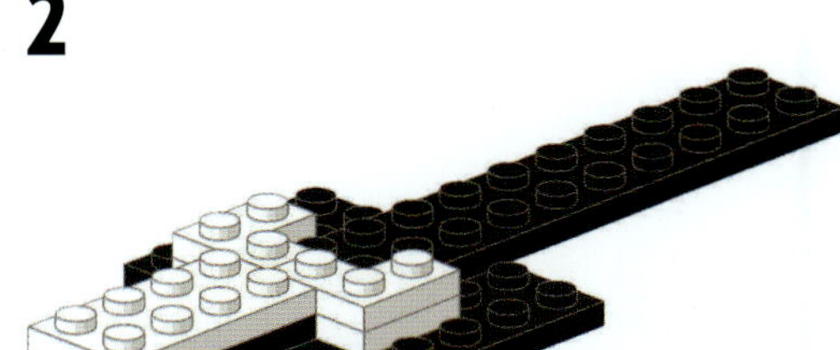

3

4

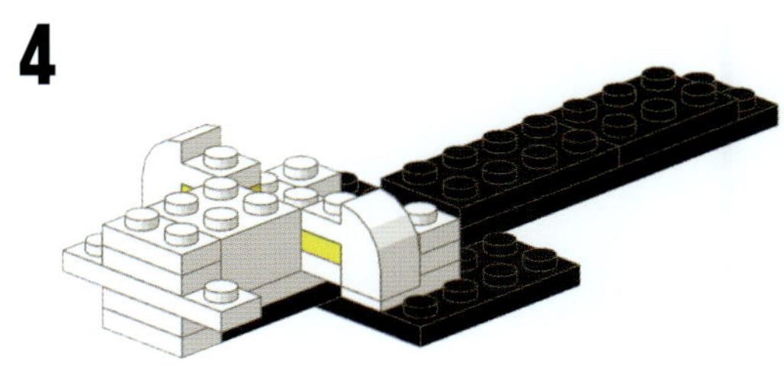

5

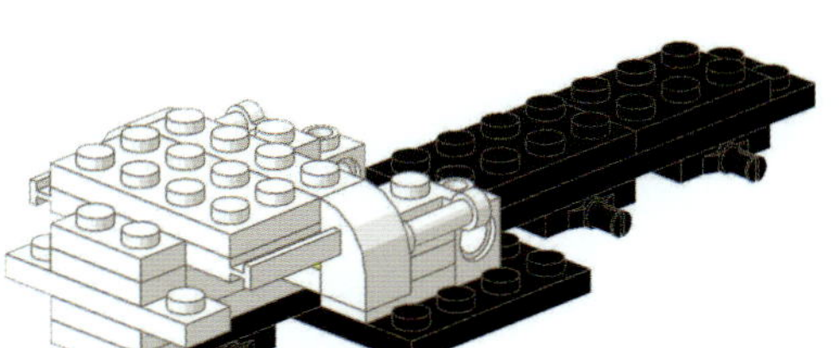

6

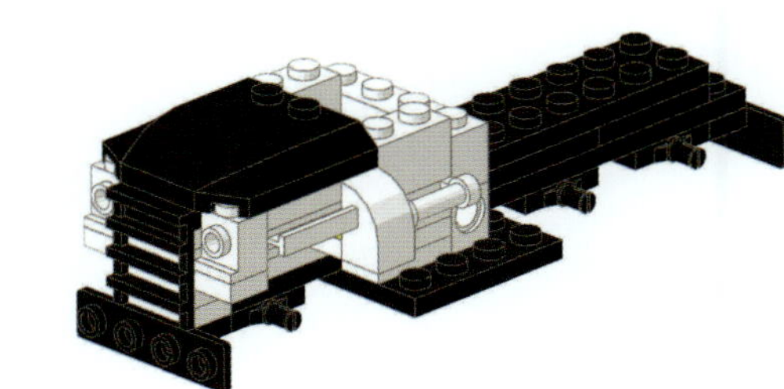

7

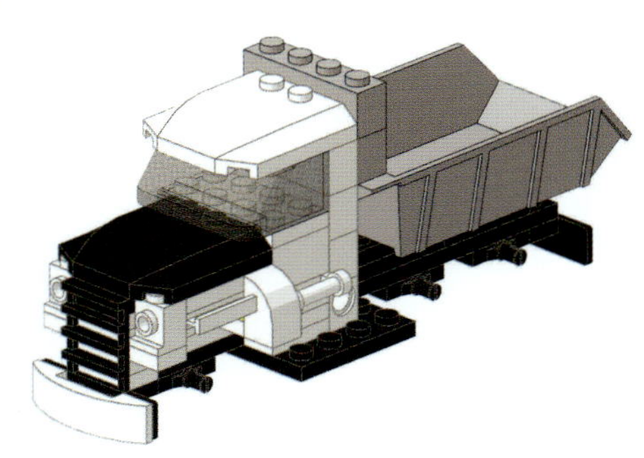

8

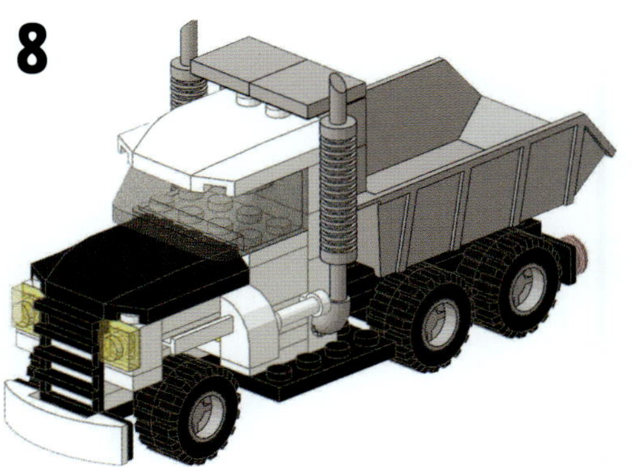

Ford Modell T

Es heißt oft, Henry Ford habe über seine Autos gesagt, sie könnten »jede Farbe haben, solange sie schwarz ist«. Doch in Wirklichkeit war das ursprüngliche T-Modell in vielen verschiedenen Farben erhältlich, und die Autos wurden bis zum letzten Exemplar in beinahe jedem beliebigen Ton lackiert. Unser LEGO®-Modell basiert auf dem Modell von 1927, das noch existiert – zu sehen im Henry-Ford-Museum in Detroit, Michigan.

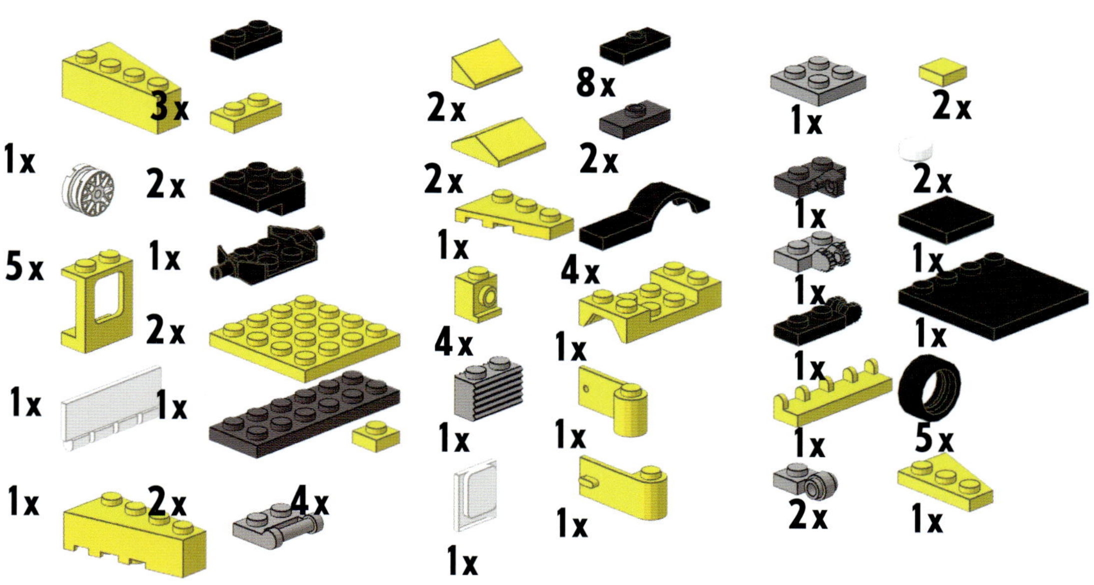

Ford Modell T

1

2

3

4

5

6

7

8

9

Hebebühne

Die Hebebühne, auch Hubarbeitsbühne oder Hubsteiger genannt, ist eine mobile Plattform, von der aus man Arbeiten in großer Höhe erledigen kann, etwa Straßenlaternen reparieren oder Gebäude dekorieren. Die Plattform ist an einem beweglichen Arm angebracht und kann mittels Hydraulik nach oben gefahren werden. Es gibt Hebebühnen in allen Formen und Größen, die meisten lassen sich jedoch sehr leicht handhaben. Um die 360-Grad-Bewegung des Gelenkarms nachzuahmen, haben wir als solide Basis in der Mitte eine 2-x-2-Rundplatte eingebaut. Für die Plattform haben wir ein speziell hergestelltes Teil aus einer anderen Box verwendet.

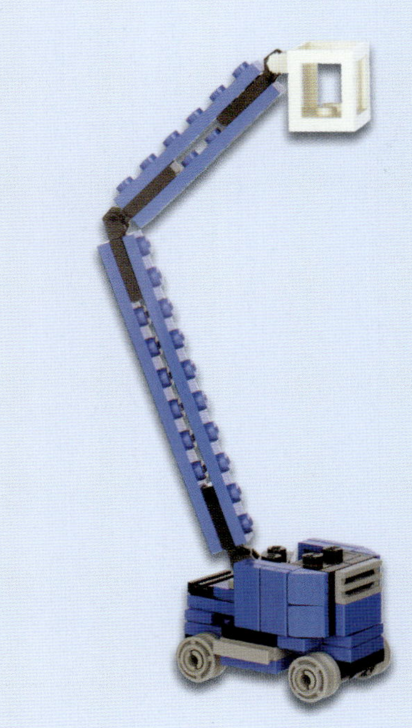

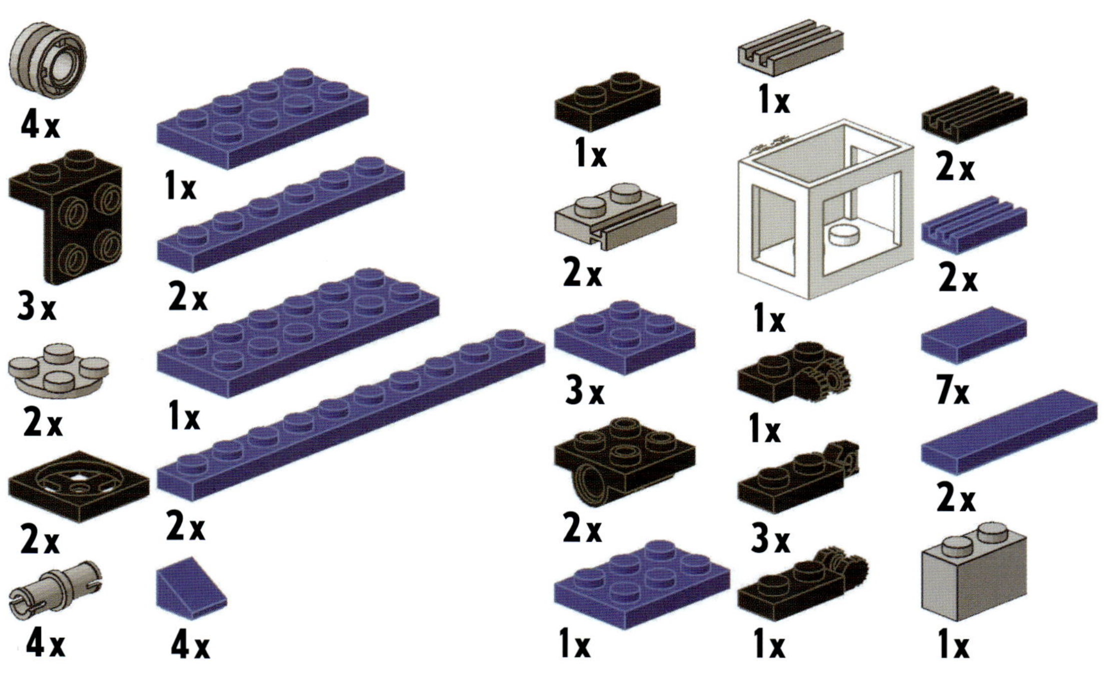

Hebebühne

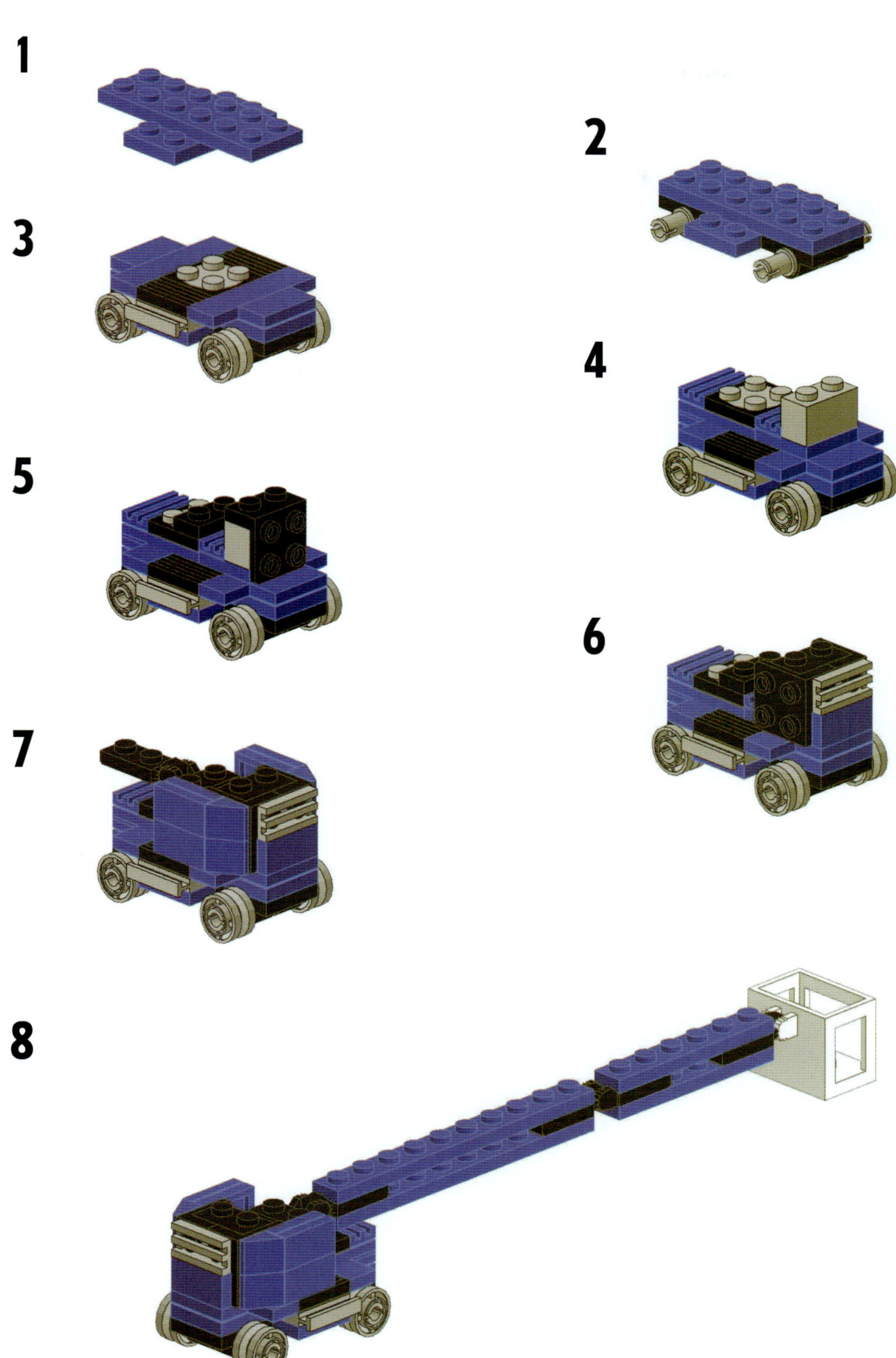

Smart

Die kleinen, kompakten Autos eignen sich ideal für den Stadtverkehr, man erkennt sie sofort an ihrem wie abgeschnitten wirkenden Heck. Sie sind so klein, dass man sie sogar im rechten Winkel zur Bordsteinkante parken kann! Selbst im Original wirken sie wie ein lebensgroßes LEGO®-Modell, bieten dabei aber zwei Passagieren Platz und sind manchmal sogar mit vier Sitzen ausgestattet. Der erste Smart war weiß, wir haben uns für unser Modell für ein hübsches Blau entschieden. Die charakteristische Front des Autos haben wir mit den schrägen Dachsteinen nachgebaut, die wie Käsestücke aussehen.

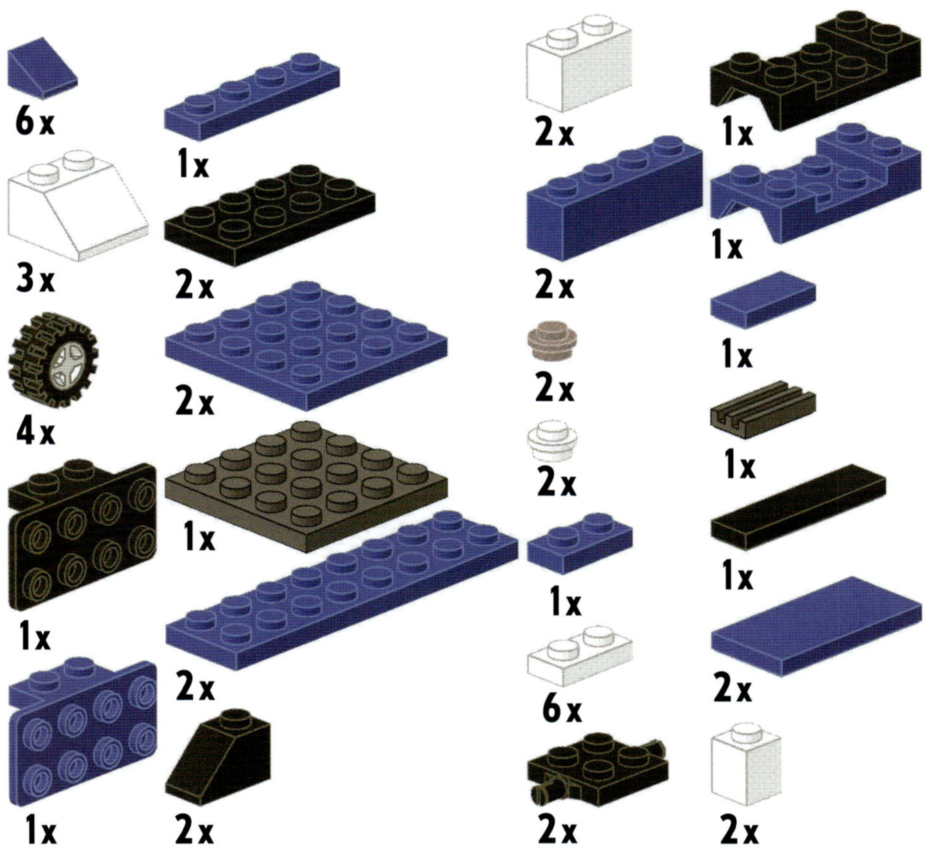

Smart

1

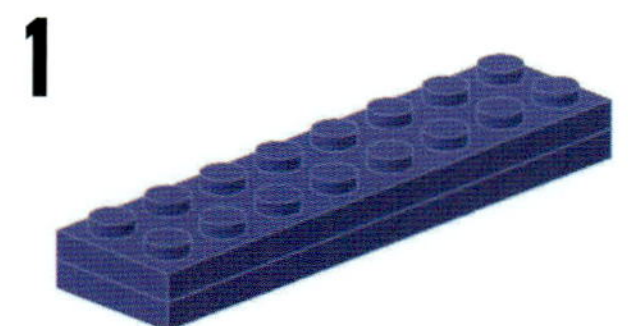

2

3

4

5

6

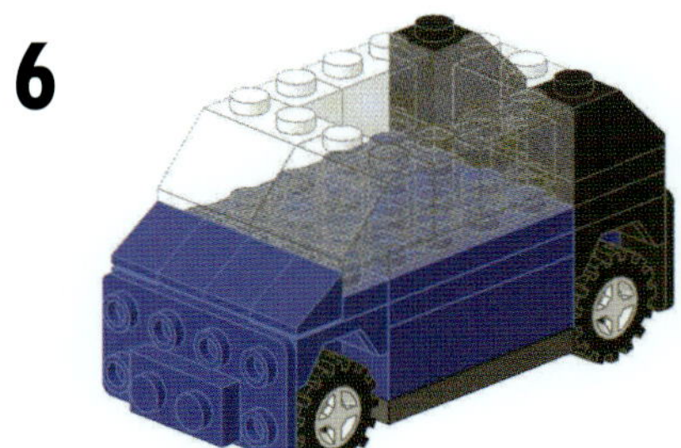

7

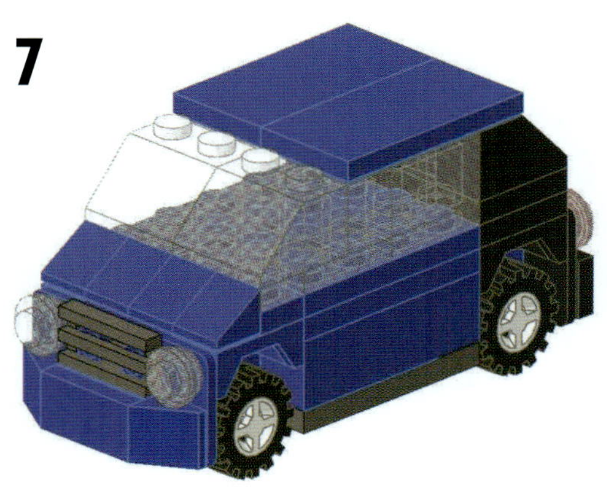

Mini Cooper

Der Mini war in den 1960er-Jahren das Kultobjekt Großbritanniens schlechthin. Berühmt wurde er durch den Michael-Caine-Film *Charlie staubt Millionen ab,* in dem drei Minis als Fluchtautos in waghalsigen Verfolgungsszenen zu sehen sind. Wendigkeit und Stil machen ihn noch heute zu einem der beliebtesten Autos der Briten. Von 1959 bis 2000 wurde er von der British Motor Company hergestellt, danach von BMW gekauft und umgestaltet. In einer Umfrage von 1999 landete der Mini auf Platz 2 der einflussreichsten Autos des 20. Jahrhunderts – hinter dem Ford Modell T.

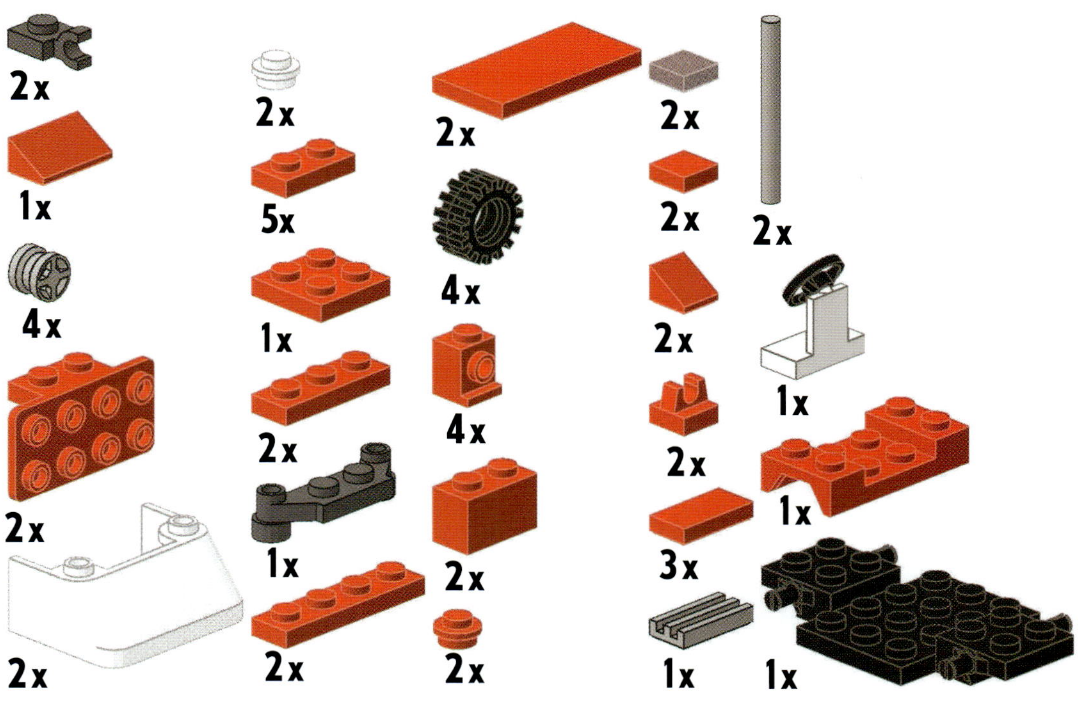

Mini Cooper

1

2

3

4

5

6

7

8

Taxi

Ob zum Flughafen, nach Hause oder zur Arbeit – meist findet man überall ein Taxi, das einen bringt, wohin man will. Es dient weltweit als Transportmittel und ist in allen Formen und Größen zu sehen. Die brühmten gelben Taxis aus New York tauchen in unzähligen Filmen auf, die schwarzen Londoner Taxis stehen als Symbol für das typisch Britische. Wir haben uns für ein Modell im Mikromaßstab entschieden und für das Taxischild auf dem Dach Steine verwendet, die kleinen Käsestückchen ähneln.

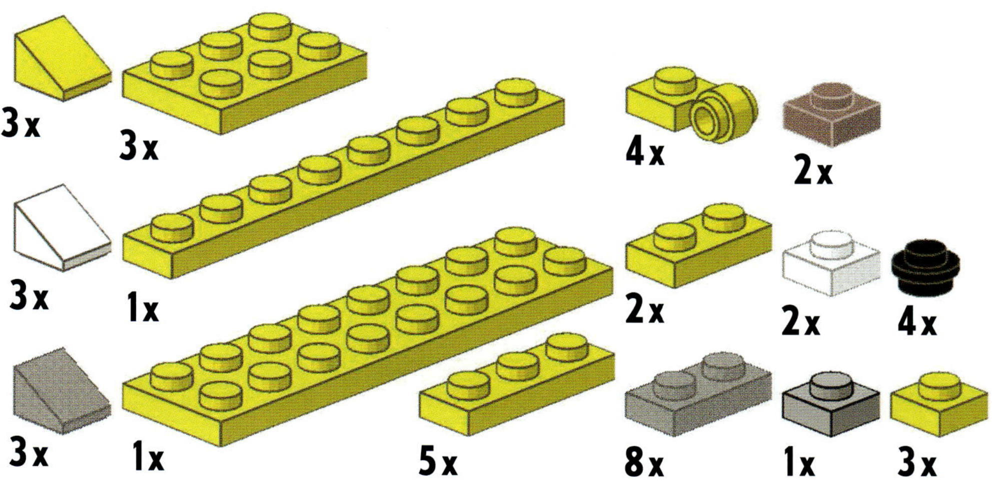

Taxi

1

2

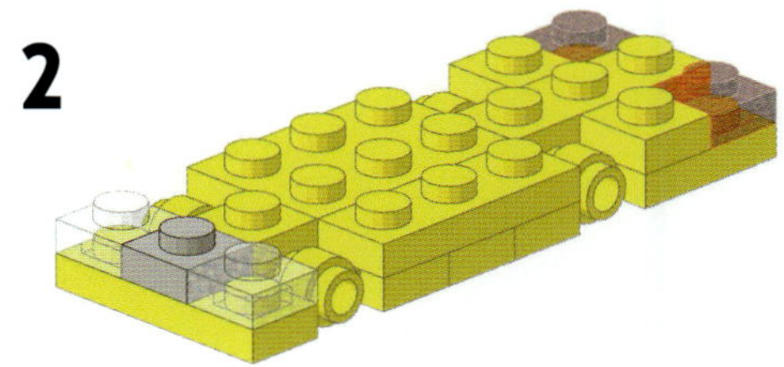

3

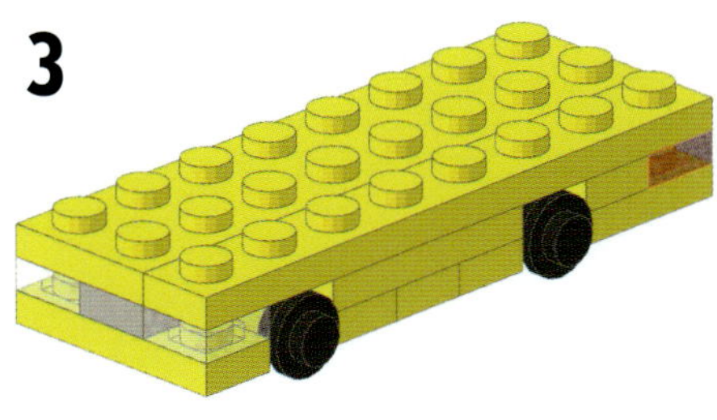

4

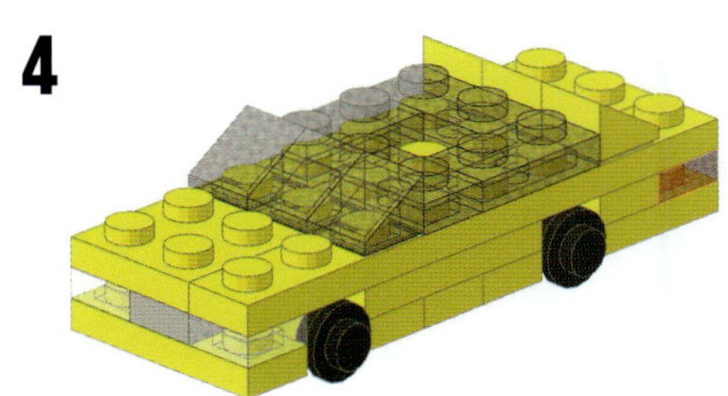

5

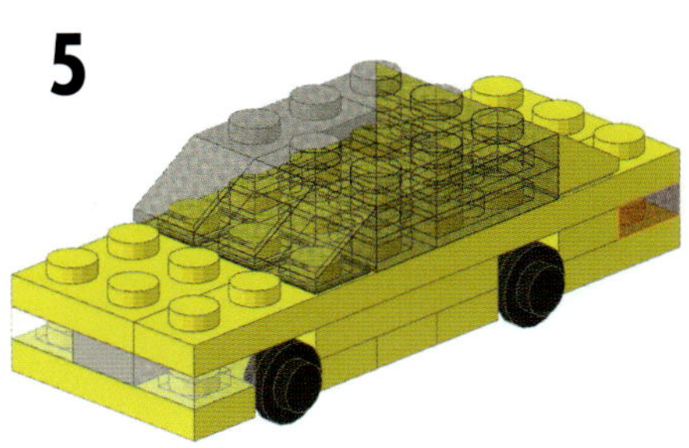

6

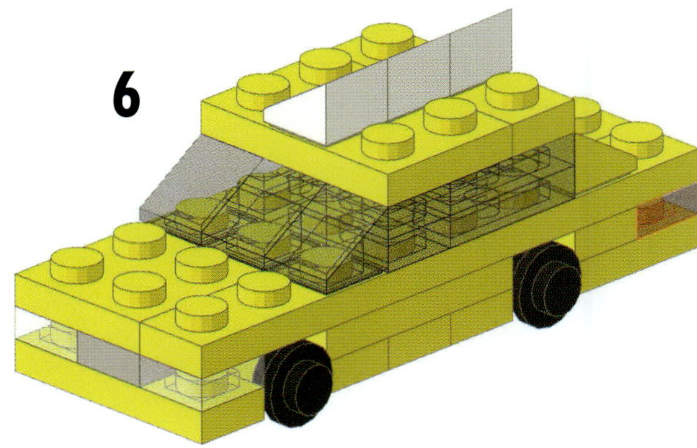

Tuk-Tuk

Die kleinen dreirädrigen Taxis sind in Indien, Indonesien, Nigeria, Mosambik und Tansania zu Hause, wo sie Passagiere durch den dichten Straßenverkehr befördern. Sie sind so wendig, dass sie sich mühelos und flink zwischen anderen Fahrzeugen hindurchschlängeln können. Trotz ihrer überschaubaren Größe bieten sie Platz für einen Fahrer und einen Fahrgast. Für das Dach unseres Modells haben wir zwei blaue 4-x-4-Motorhauben gewählt, für die Sitze – meist eine schlichte Bank – vier 1-x-2-Schrägsteine in Form von kleinen Käsestückchen.

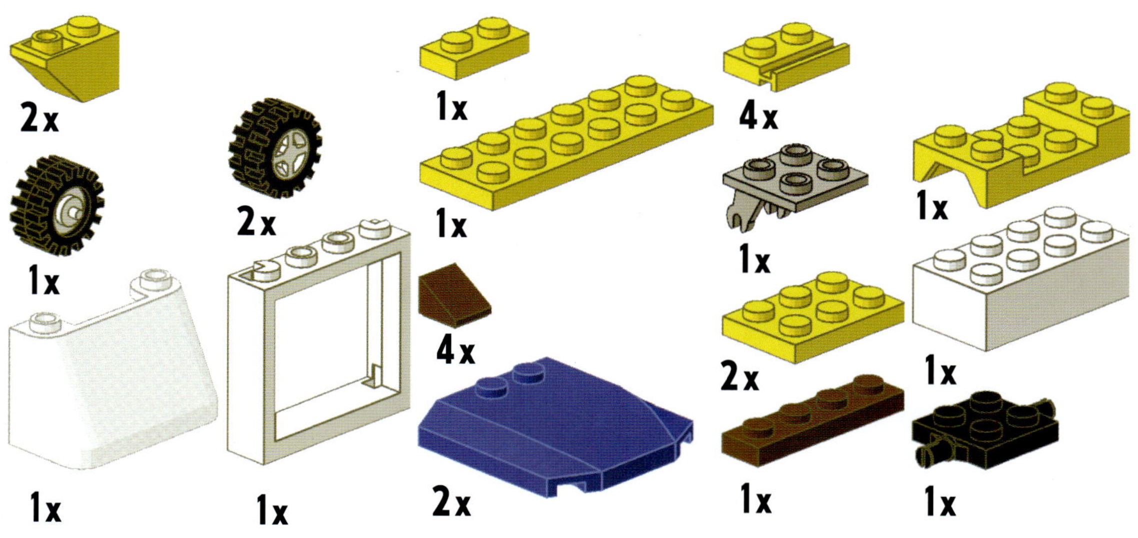

Tuk-Tuk

1

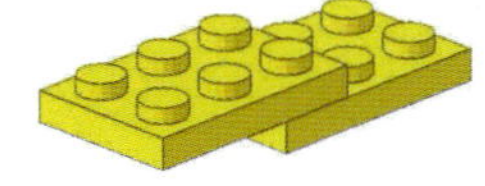

2

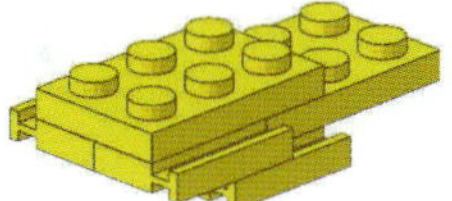

3

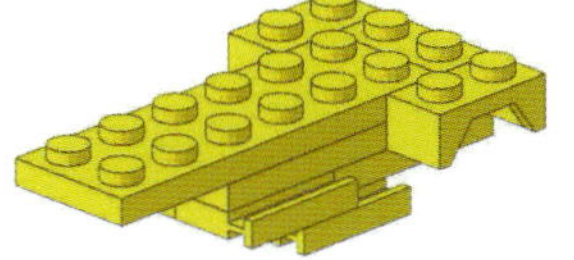

4

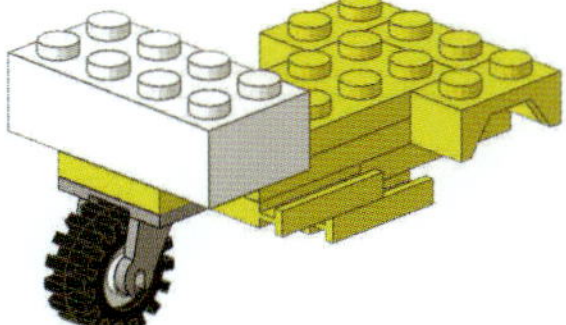

5

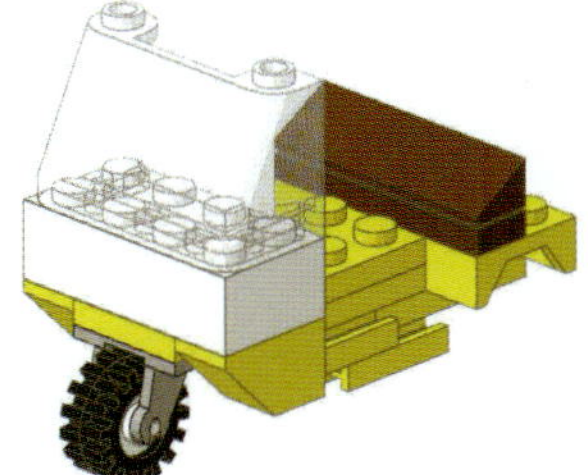

6

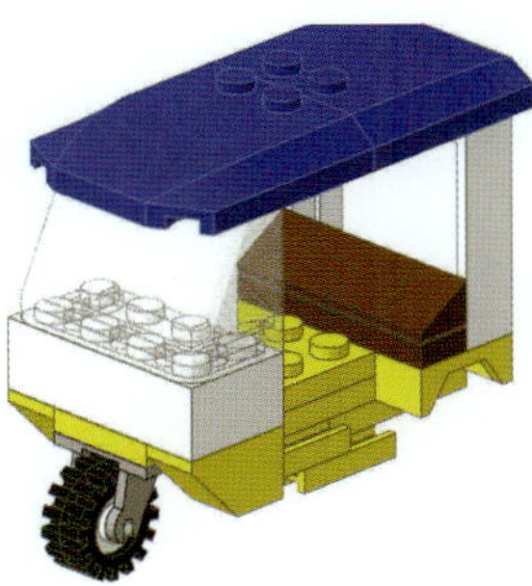

7

VW-Käfer

Der Volkswagen Käfer ist mit seinen typischen Kurven und runden Scheinwerfern seit seiner Massenproduktion gegen Ende des Zweiten Weltkriegs ein Longseller. Typisch sind auch die wulstigen Radkästen und das süße Frontdesign, aufgrund dessen manche sogar behaupten, das Auto scheine zu lächeln! Beim 1999 veranstalteten Wettbewerb des »Autos des Jahrhunderts« kam er auf Platz 4. Unser Käfer besteht aus verschiedenen kleinen Rundschrägen, die die Kurven des Klassikers nachahmen.

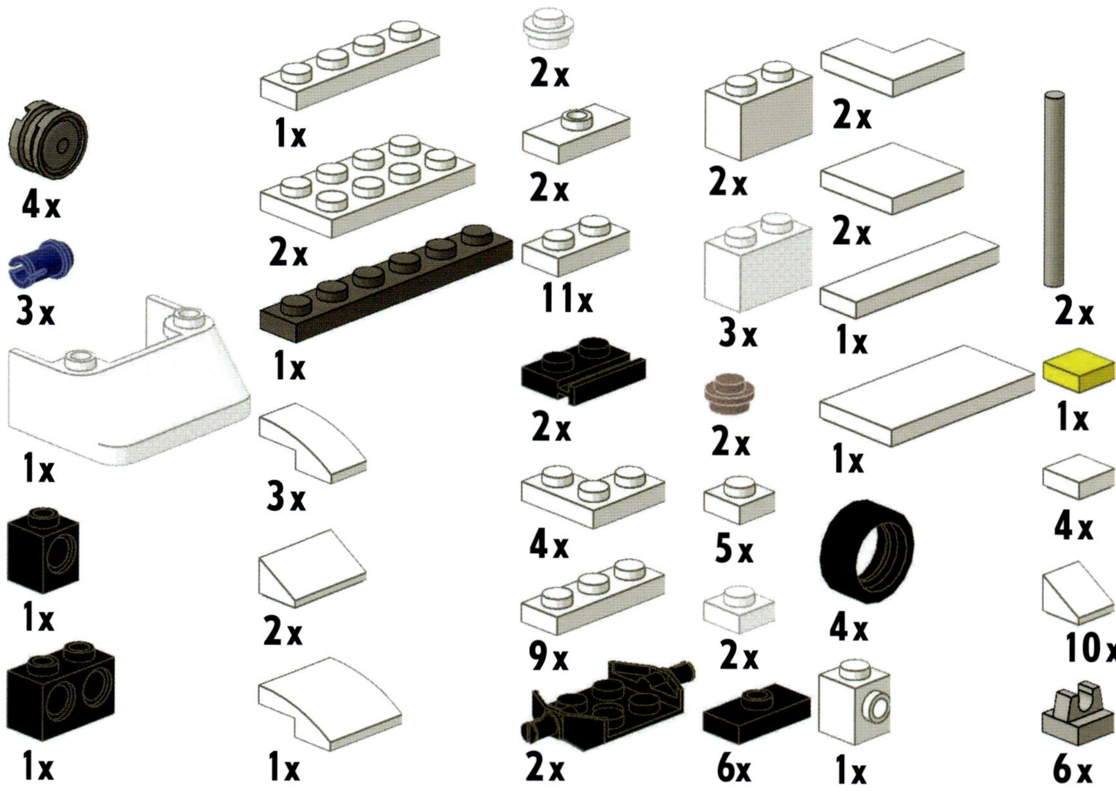

VW-Käfer

1

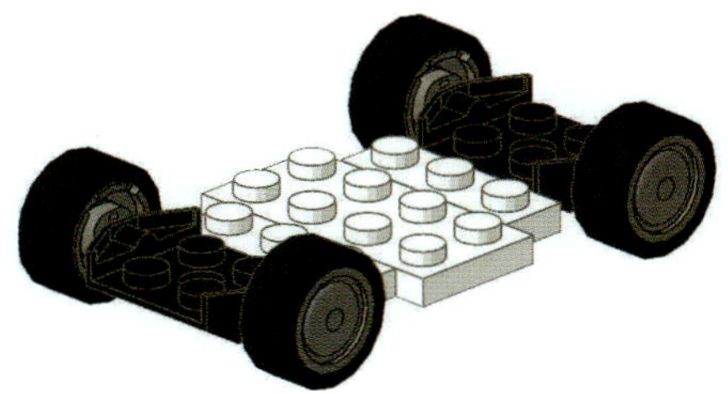

2

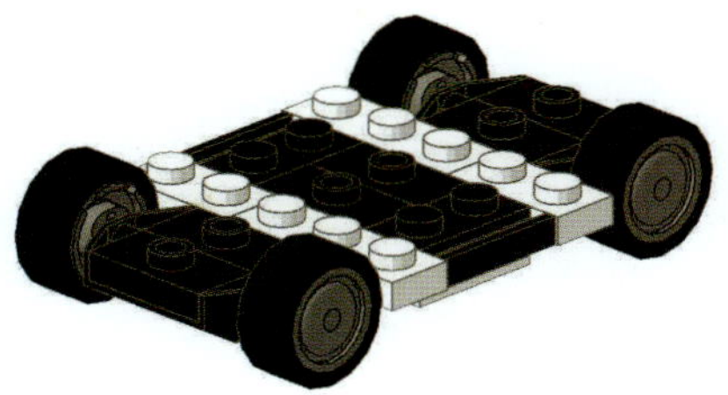

3

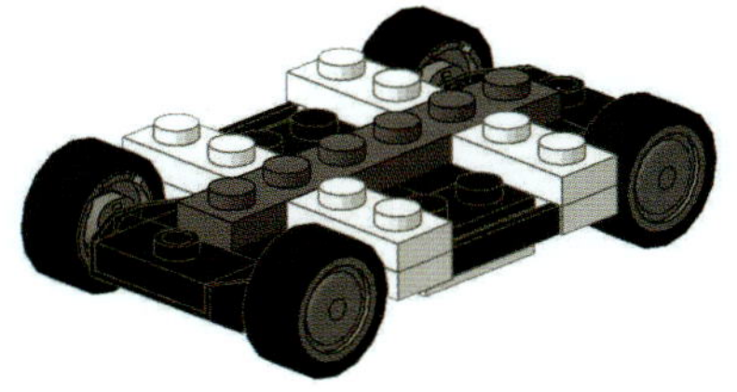

4

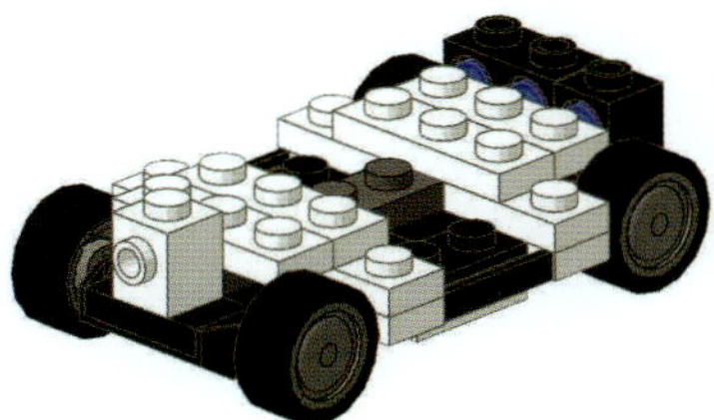

5

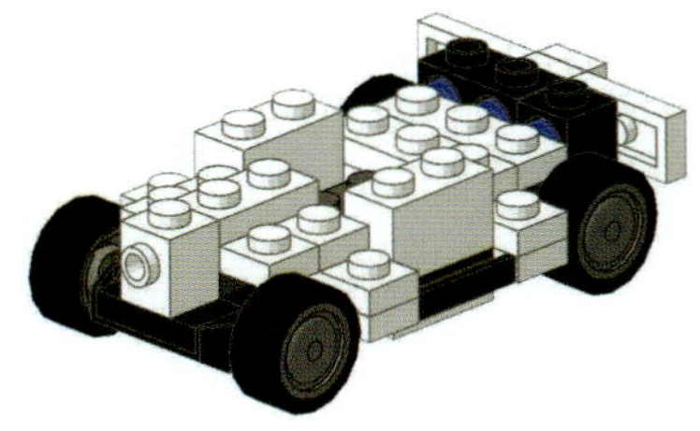

6

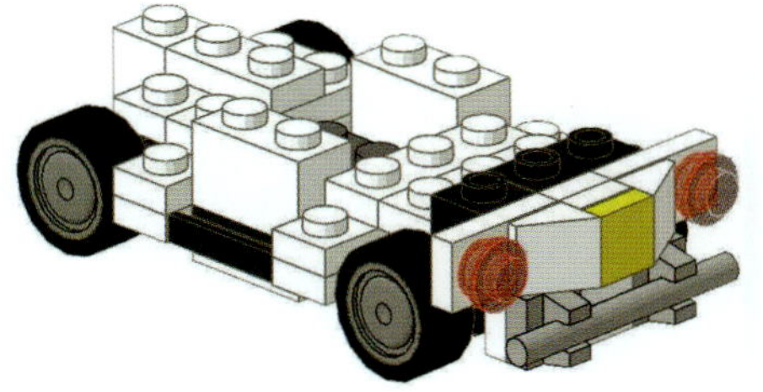

7

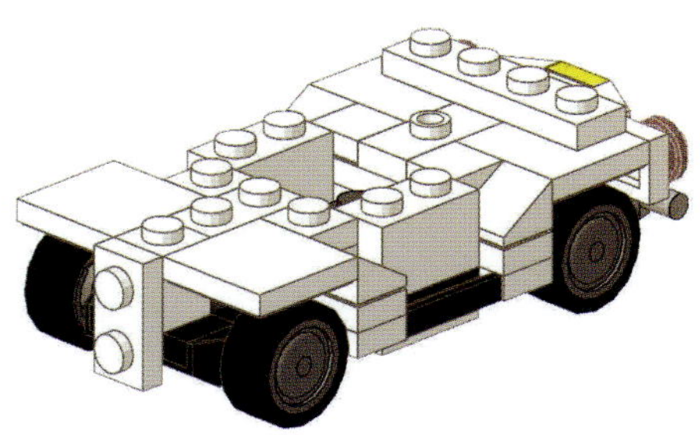

8

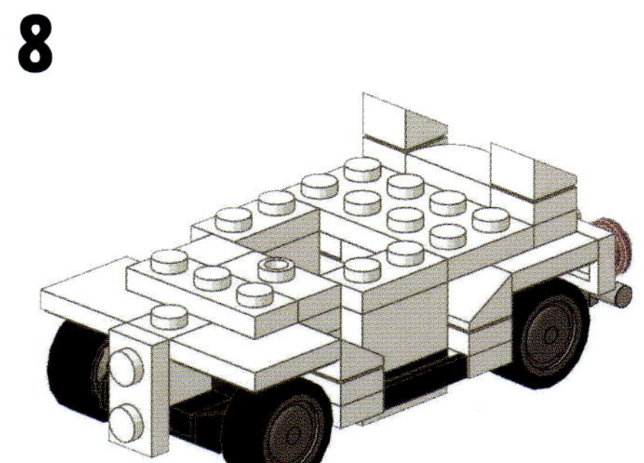

9

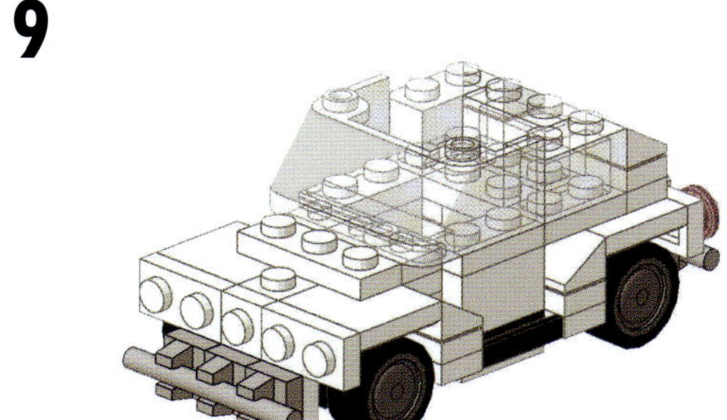

10

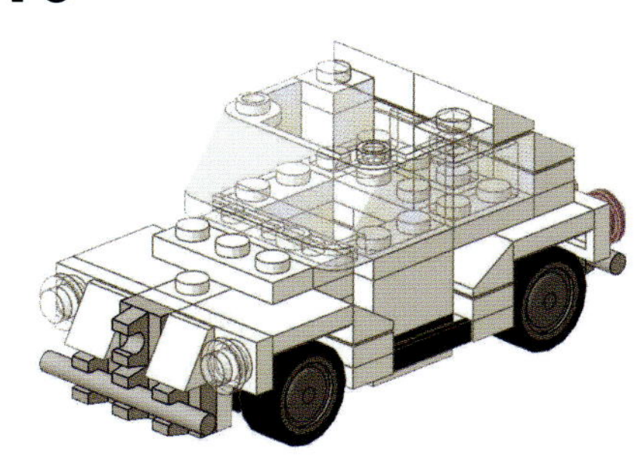

11

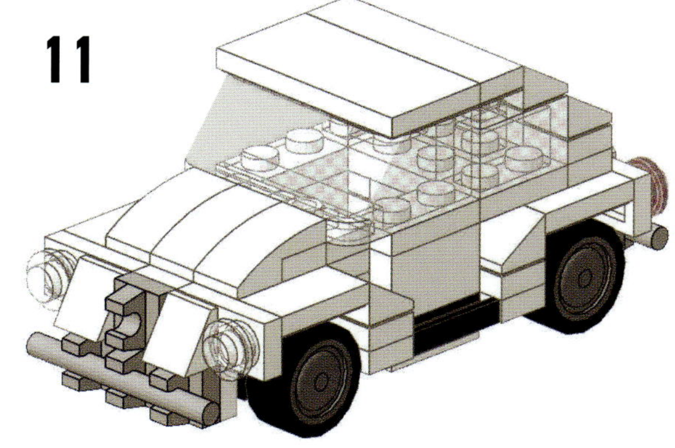

Oldtimer

Amerikanische Schlitten aus den 1960er-Jahren waren berühmt für ihre extravaganten Schwanzflossen und Chromverzierungen. Unser Modell in Rot basiert auf dem klassischen Cadillac mit seiner langen, ausladenden Motorhaube und der gekrümmten Windschutzscheibe. Für die Flossen haben wir kleine, keilförmige Platten verwendet, die Rücklichter sind mit Clips befestigt. Die vier Minifigur-Ferngläser sind genau das Richtige für die Scheinwerfer im Sechziger-Jahre-Stil, die 1-x-2-Fliesen bilden das elegante Frontdesign.

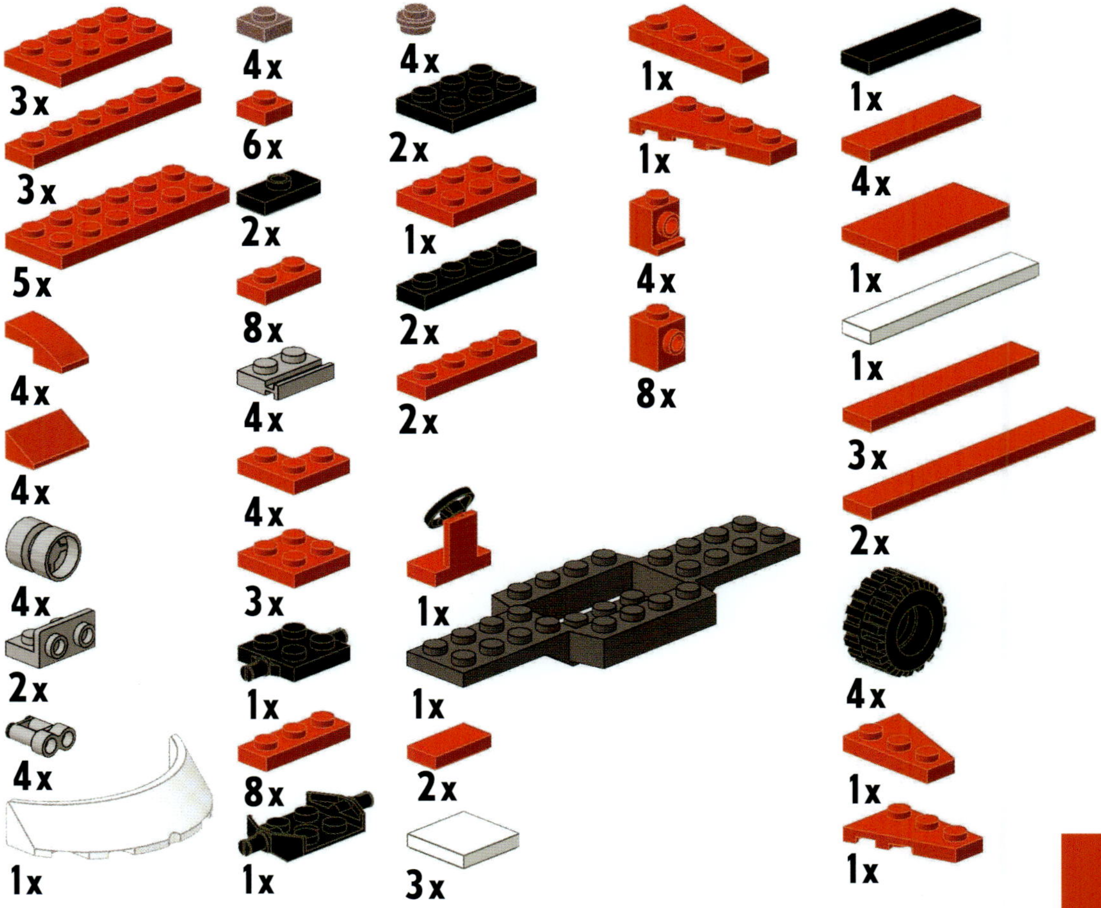

3x
3x
5x
4x
4x
4x
2x
4x
1x

4x
6x
2x
8x
4x
4x
3x
1x
8x
1x

4x
2x
1x
2x
2x
1x
1x
2x
3x

1x
1x
4x
8x

1x
4x
1x
1x
3x
2x
4x
1x
1x

Oldtimer

1

2

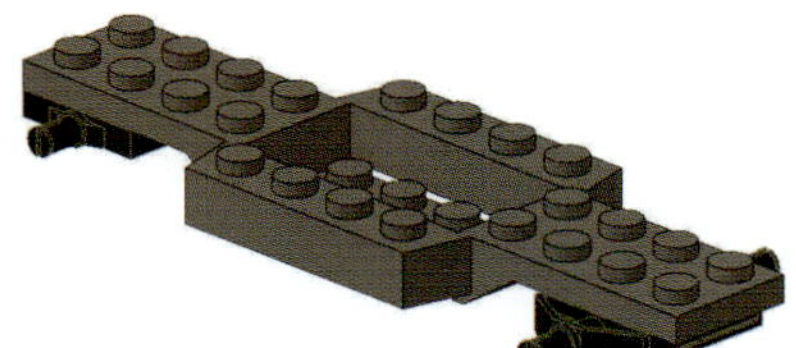

3

4

5

6

7

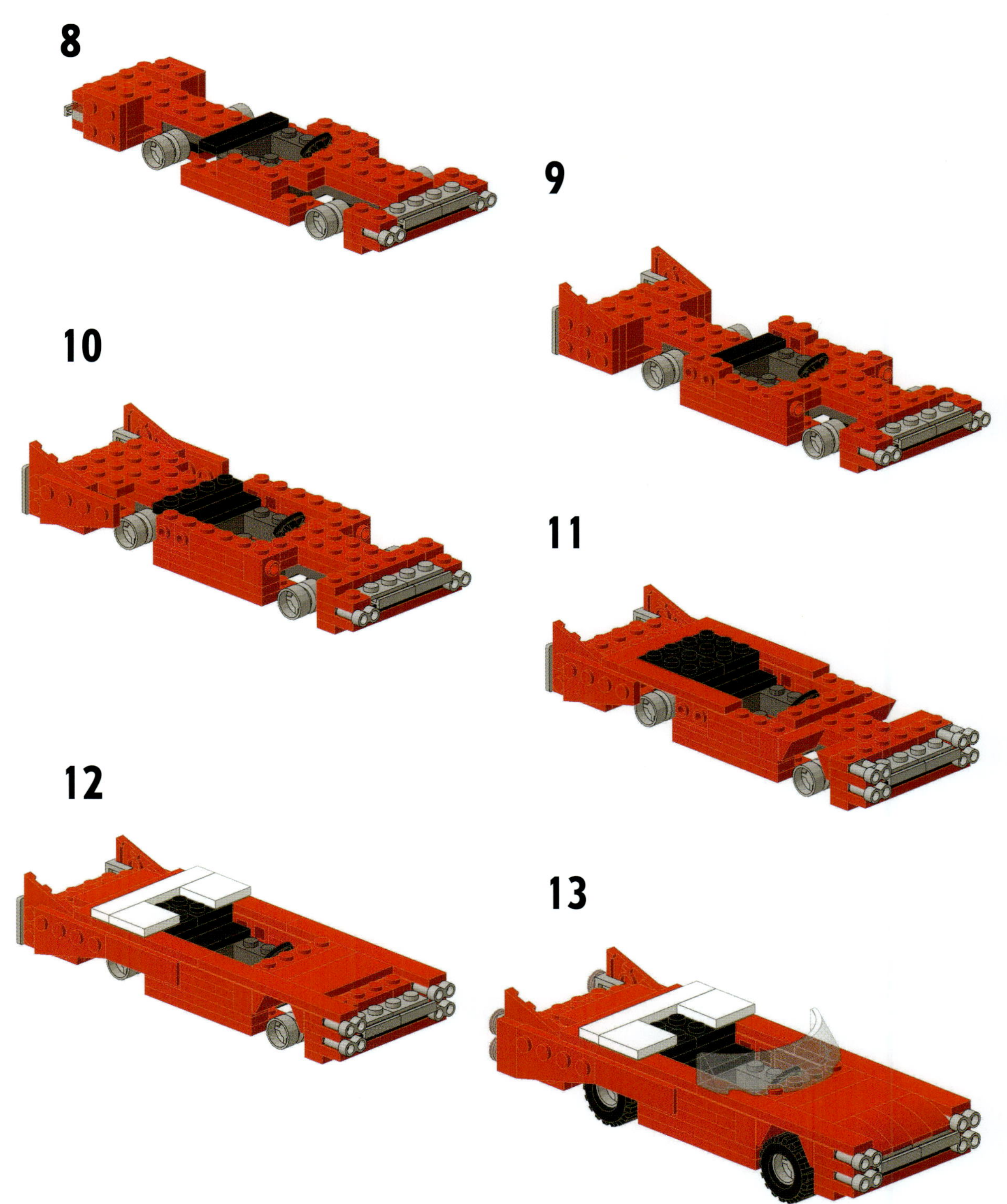
8
9
10
11
12
13

Flugauto

Ist dies das Auto der Zukunft? Eines Tages gleiten wir vielleicht alle auf vier Rädern und zwei Flügeln durch die Luft, statt uns die Straße entlangzuquälen. Und so sieht es vielleicht aus, mit seinen eleganten, muschelförmigen Flügeln und der Motorhaube im Retrostil. Die bequeme und sichere Fahrerkabine besteht aus doppelt keilförmigen 3-x-4-Steinen, das durchsichtige Paneel als Windschutzscheibe schützt den Fahrer vor Wind und Wetter. Die ziegelförmigen Steine und die transparenten, gelben 1-x-1-Steine für die Scheinwerfer runden den Steampunk-Look des Autos ab.

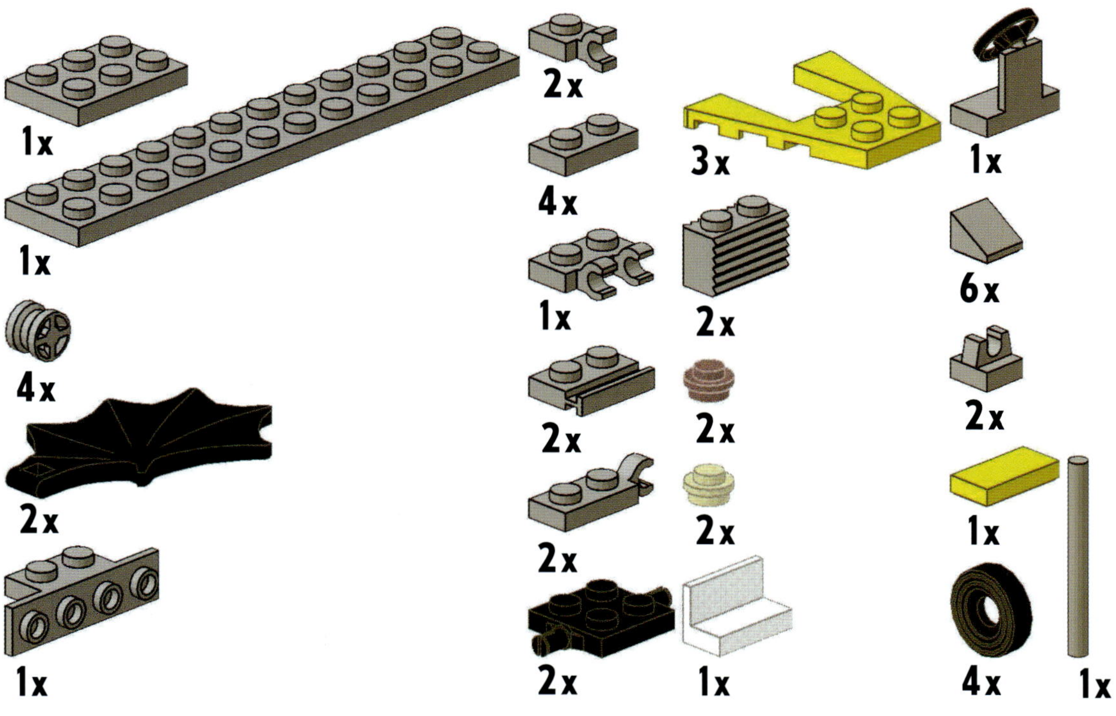

Flugauto

1

2

3

4

5

6

Gokart

Das kleine, vierrädrige Fahrzeug ist auf Bodenhaftung ausgelegt, damit es beim Rennen nicht abhebt. Es gibt Gokarts in allen Formen und Größen, von der einfachsten Seifenkiste mit Schwerkraftantrieb bis zu den komplexeren Superkarts mit leistungsstarken Benzin- oder Elektromotoren. Die meisten Gokarts bieten nur dem Fahrer Platz, manche auch einem Beifahrer. Unser Gokart hat ein sehr robustes Fahrgestell, sodass es praktisch an der Straße klebt. Für die Stoßstange haben wir einen breiten, runden Schrägstein quer an einer Halterung angebracht.

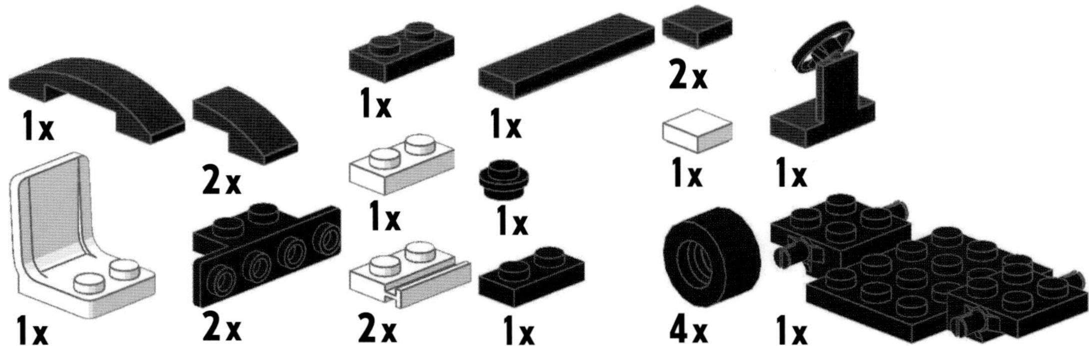

Gokart

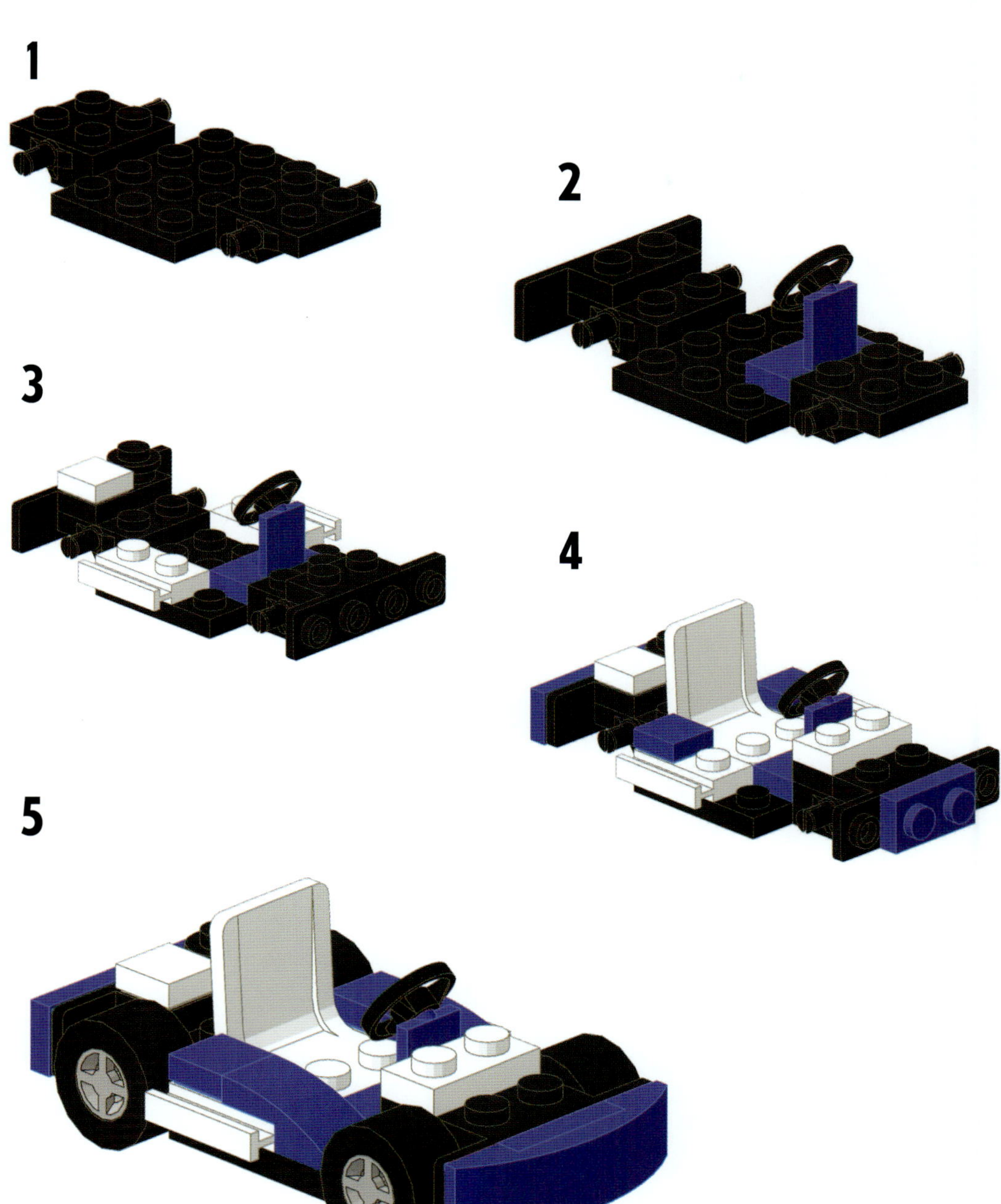

Mondrover

Auf dem Mond kommt man mit einem gewöhnlichen Auto nicht weit. Unser Urmodell eines Mondrovers kam bei verschiedenen Apollo-Mondmissionen in den frühen 1970er-Jahren zum Einsatz. Es sollte einige Astronauten mitsamt Ausrüstung sowie Proben, die sie vom Mondgestein nahmen, transportieren. Die Rover selbst werden dann nicht mehr mit nach Hause genommen, und so stehen inzwischen mehrere dieser Fahrzeuge auf dem Mond herum. Die fetten Reifen unseres Modells dienen dem Navigieren auf der unebenen, steinigen Oberfläche des Erdtrabanten.

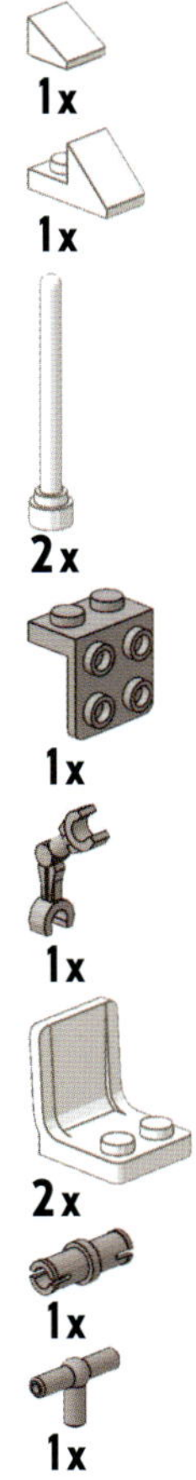

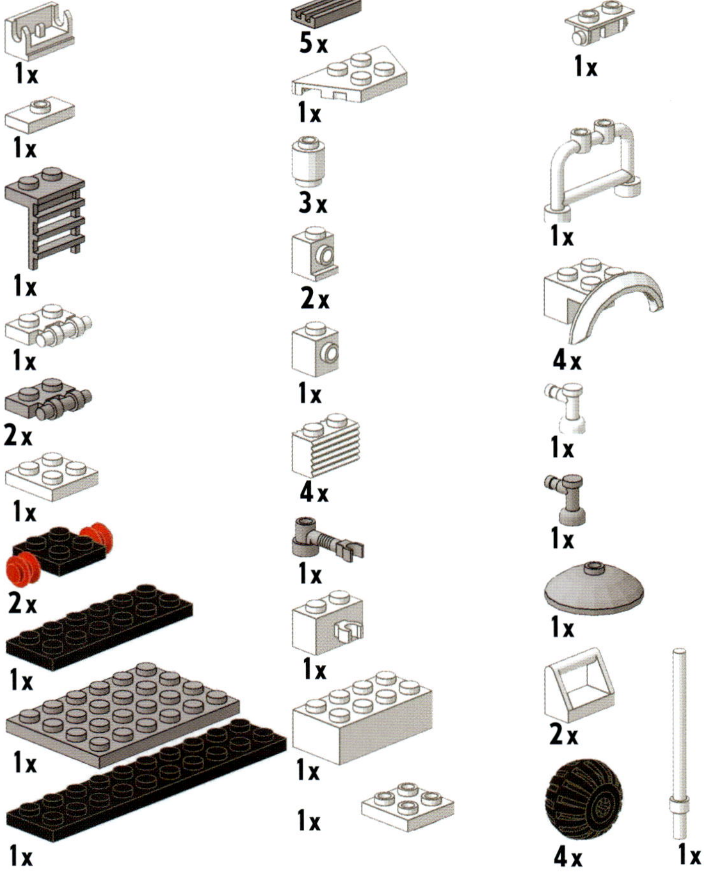

Mondrover

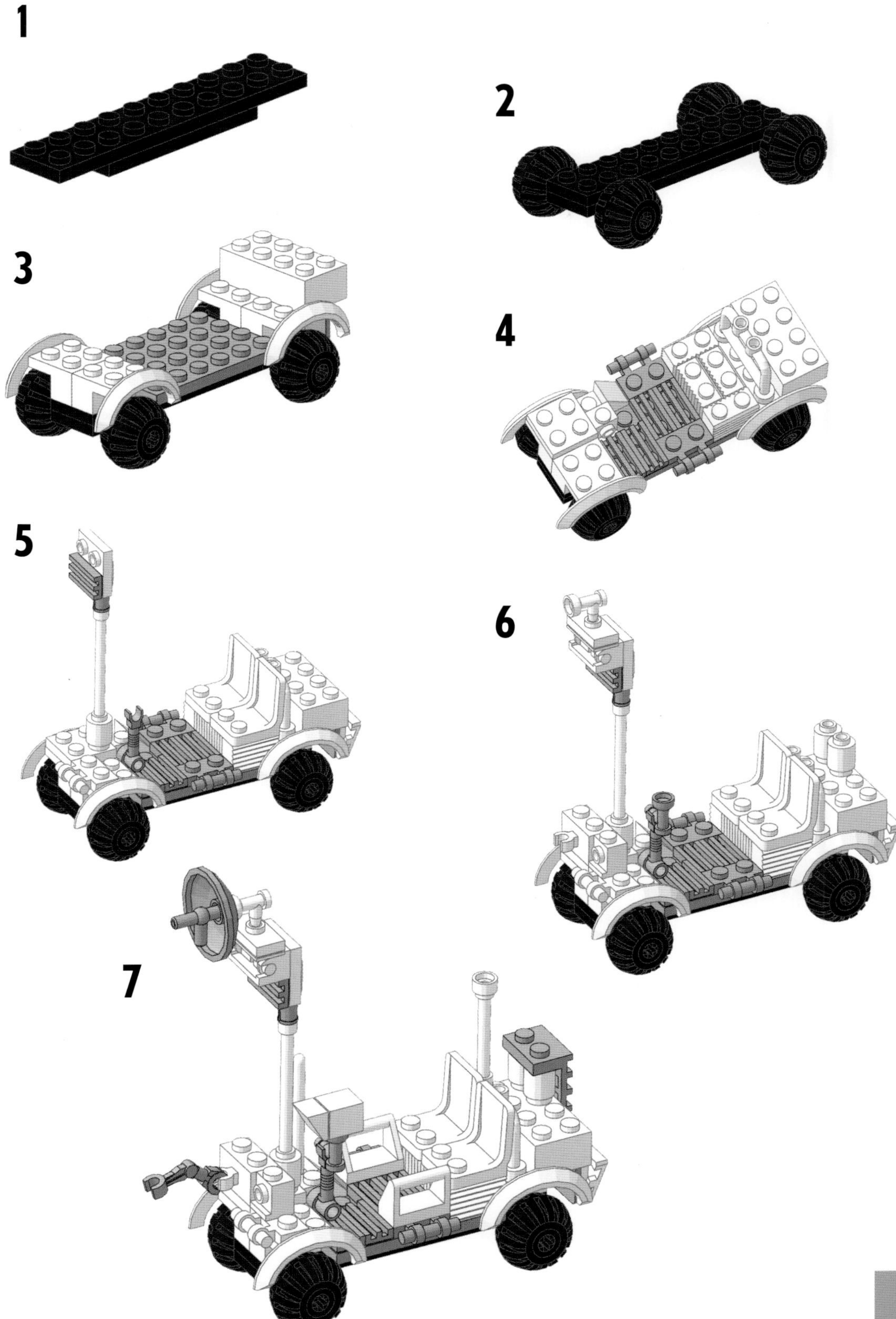

Doppeldeckerbus

Alles einsteigen! Doppeldeckerbusse wie der berühmte Londoner Routemaster sind mit Sitzplätzen in zwei Stockwerken ausgestattet und können in einem Rutsch bis zu 70 Passagiere befördern. In großen Städten wie New York werden sie als Sightseeing-Busse eingesetzt, unser Modell basiert auf dem Londoner Bus in seinem typischen Rot. Es ist im Miniaturmaßstab gehalten, die Steine in den anderen Farben stellen die Fenster und die Werbeplakate an der Flanke des Busses dar.

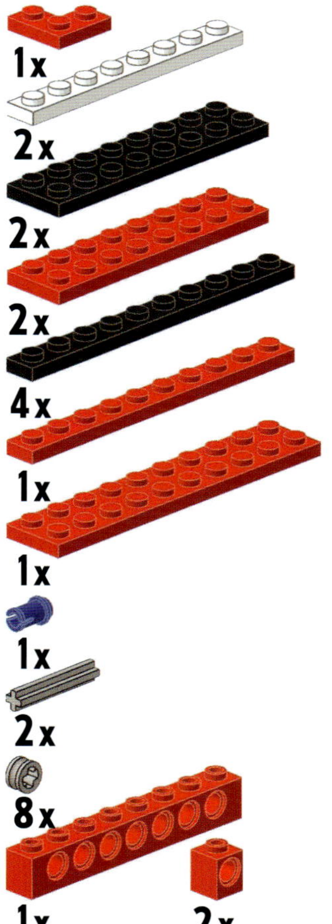

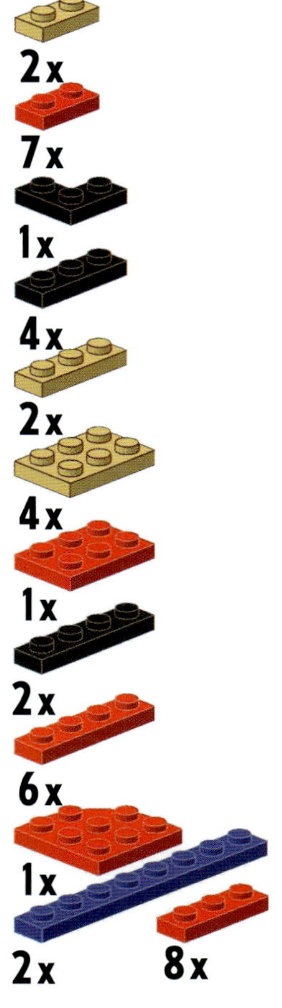

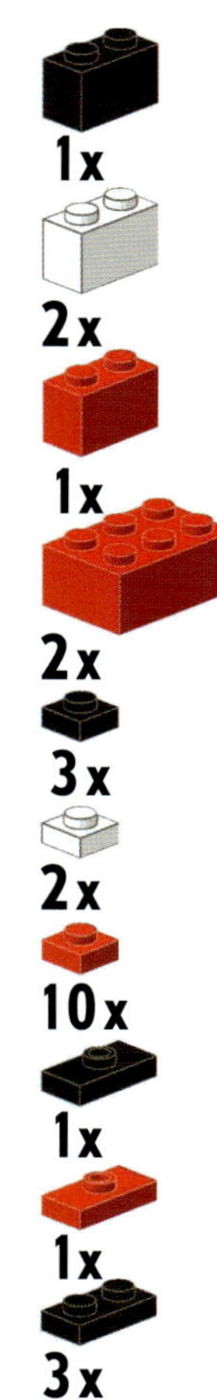

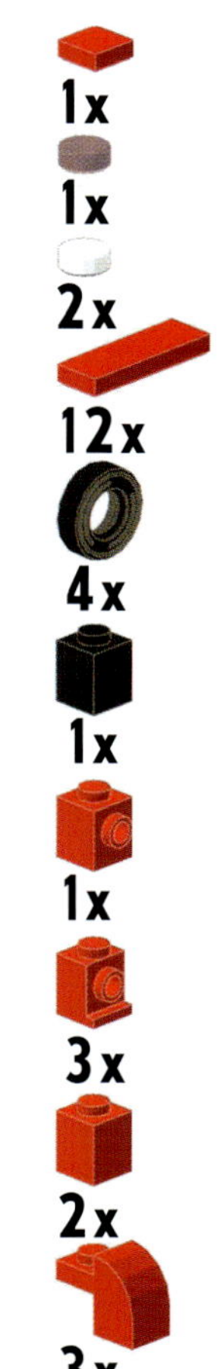

Doppeldeckerbus

1

2

3

4

5

6

Doppeldeckerbus

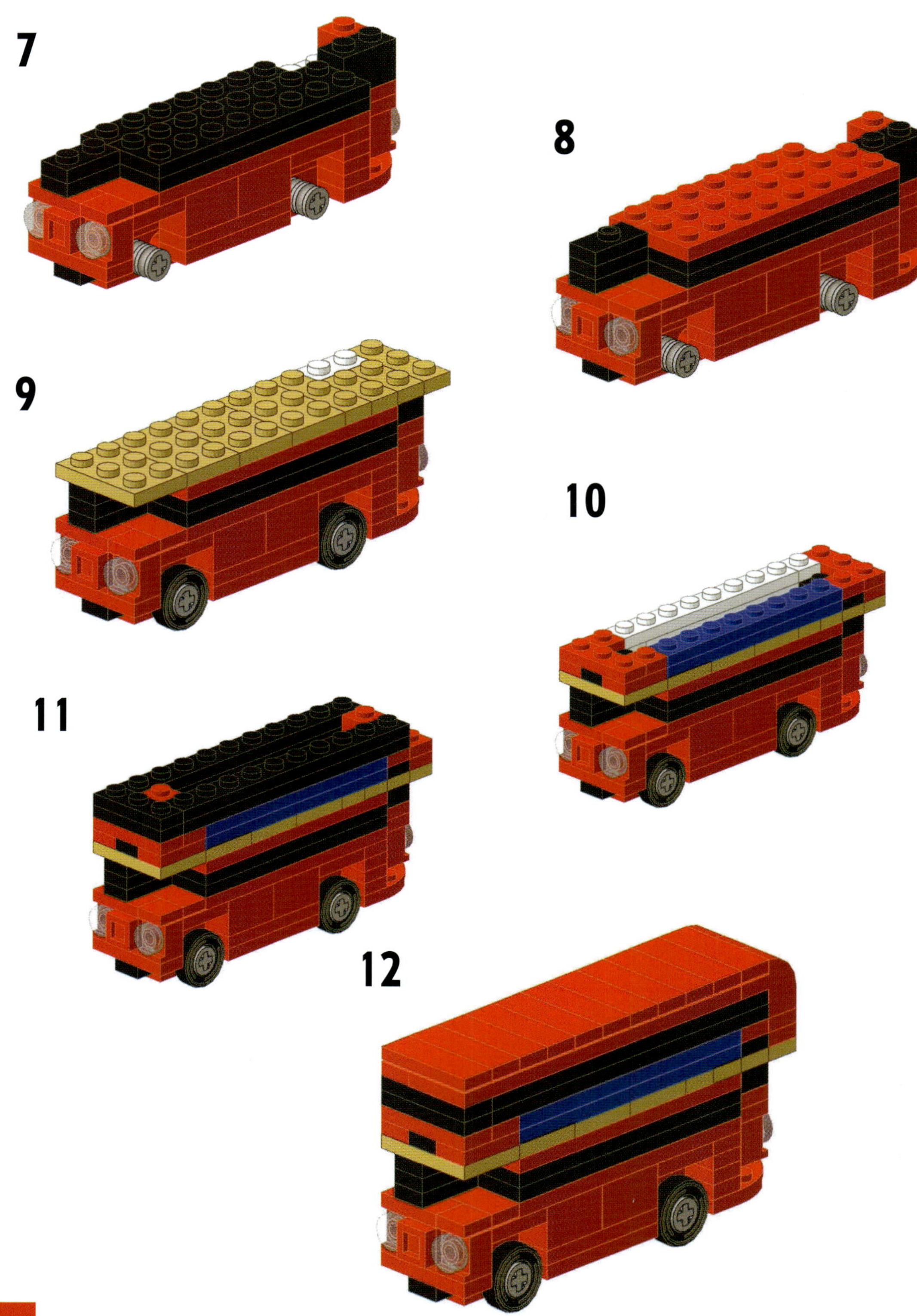

Eiswagen

Der Sommer ist da! Wenn die Melodie des Eiswagens erklingt, wisst ihr, dass eine süße, kühle Überraschung auf euch wartet. Unseren Wagen haben wir mithilfe von kegelförmigen Steinen und farbigen, runden 1-x-1-Steinen mit einer Schoko- und einer Vanilleeiswaffel dekoriert. Die Theke besteht aus einem großen Schiebefenster mit dem 1-x-4-x-3-Fensterrahmenstein, das Dach aus 1-x-4-Halbbogensteinen. Die Innenausstattung dürft ihr natürlich auch nicht vergessen – ihr braucht einen Gefrierschrank, um all das köstliche Eis aufzubewahren!

Eiswagen

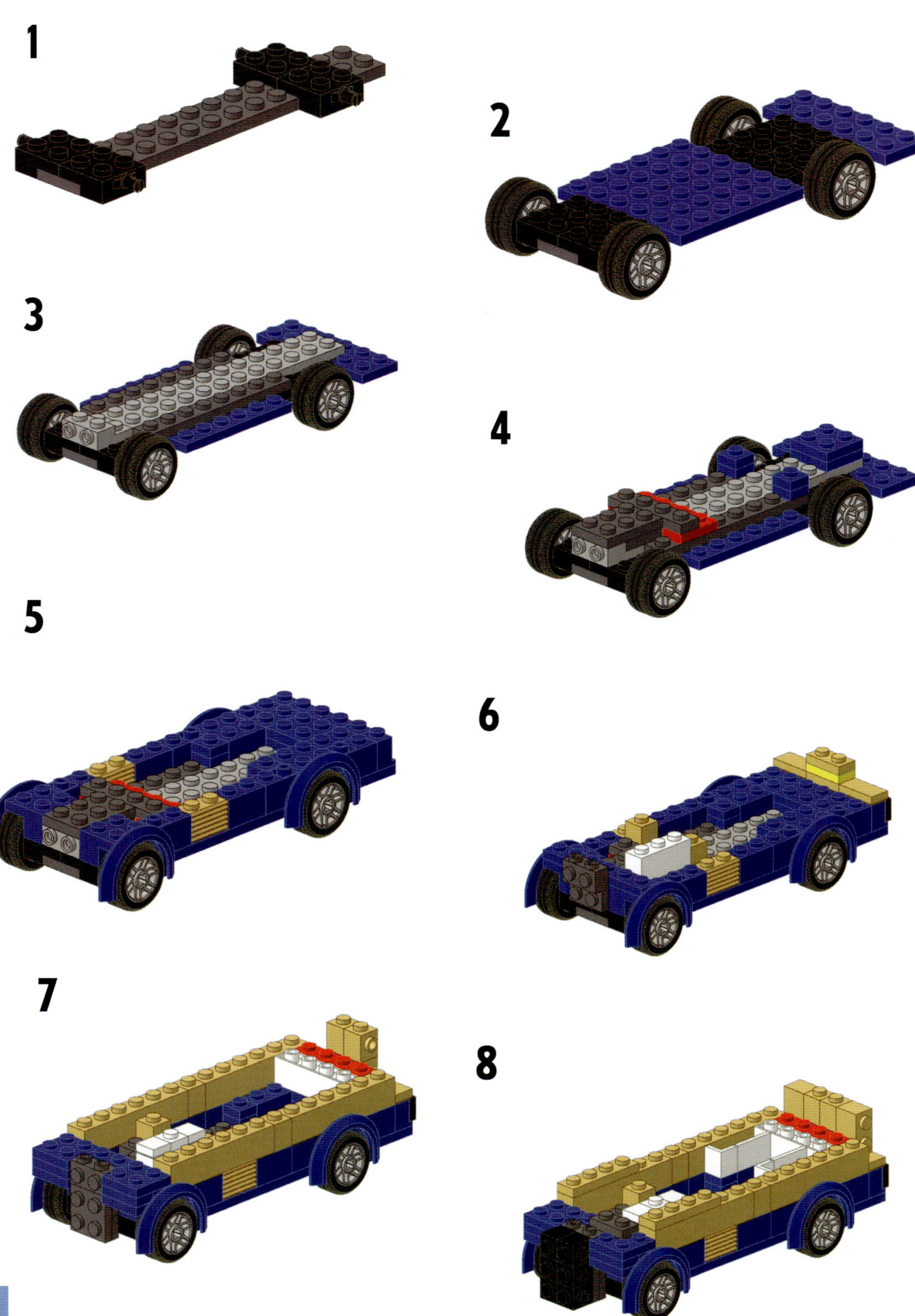

9

10

11

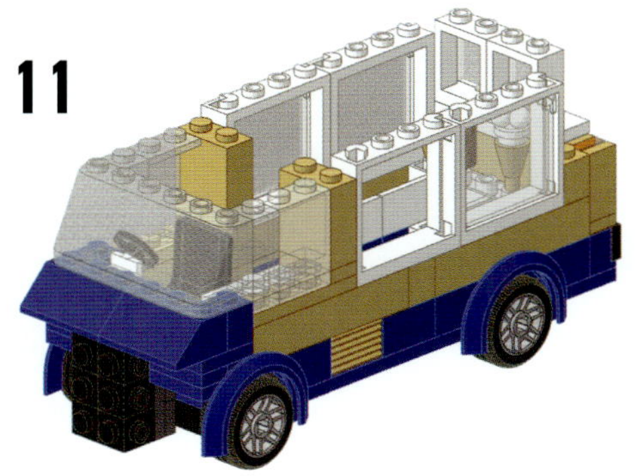

12

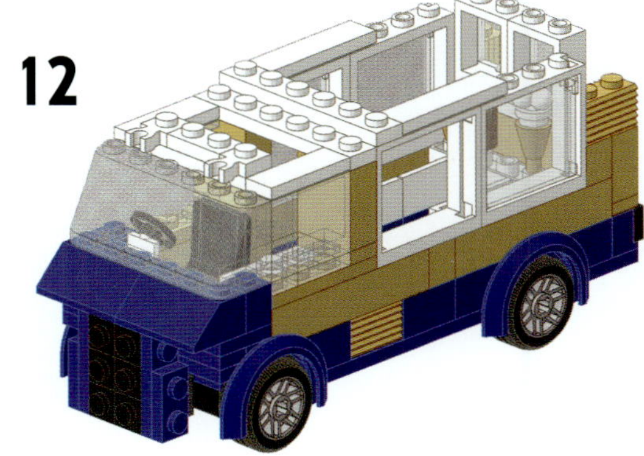

13

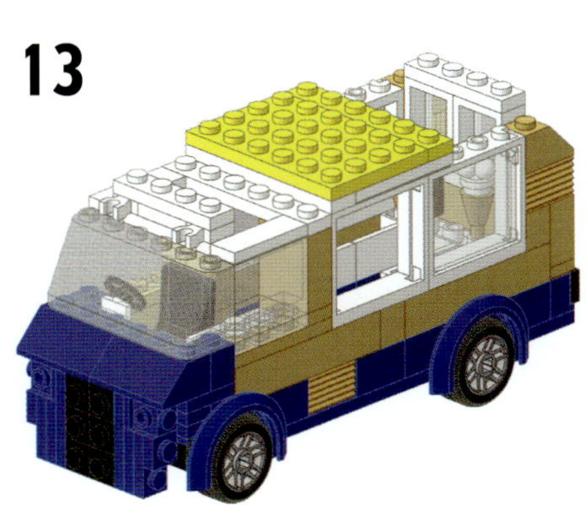

14

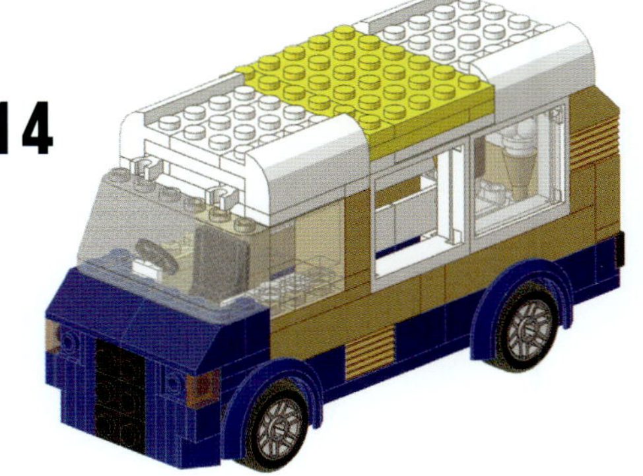

15

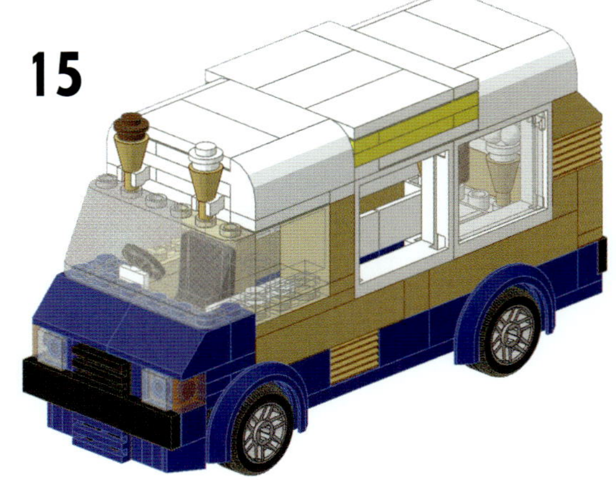

Jeep

Unser Jeep basiert auf dem Willys MB, einem Nutzfahrzeug mit Allradantrieb, seit 1941 das Rückgrat des Transportwesens der US Army. Man sieht es häufig in Fernsehserien und Filmen. Die Kastenform des Fahrzeugs passt ausgezeichnet zu LEGO®: Für die Windschutzscheibe etwa haben wir den durchsichtigen 1-x-4-Stein mit einer 1-x-4-Fliese als Abschluss verwendet. Das Ersatzrad ist mit 1-x-2- und 2-x-2-Klammern sowie einem 2-x-2-Stein mit »Technic Pin« am Heck des Jeeps befestigt.

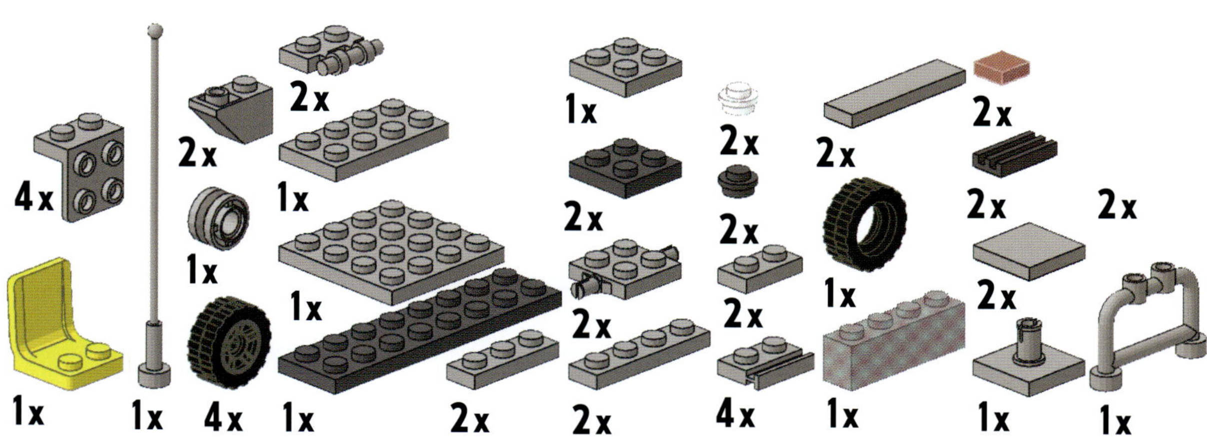

Jeep

1

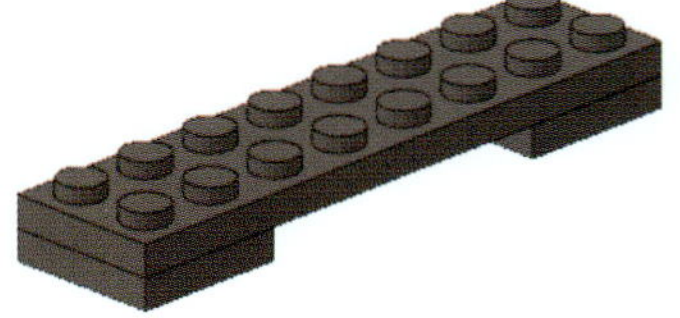

2

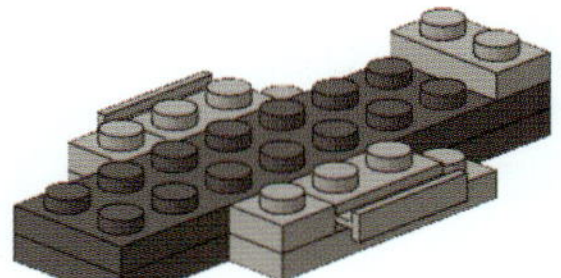

3

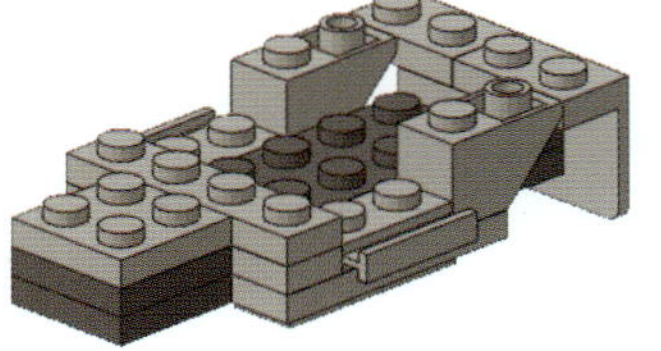

4

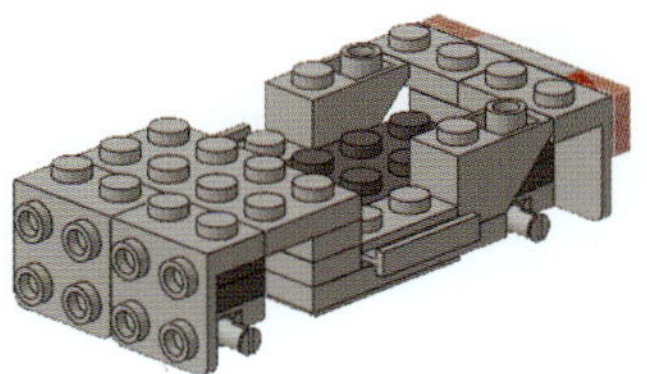

5

6

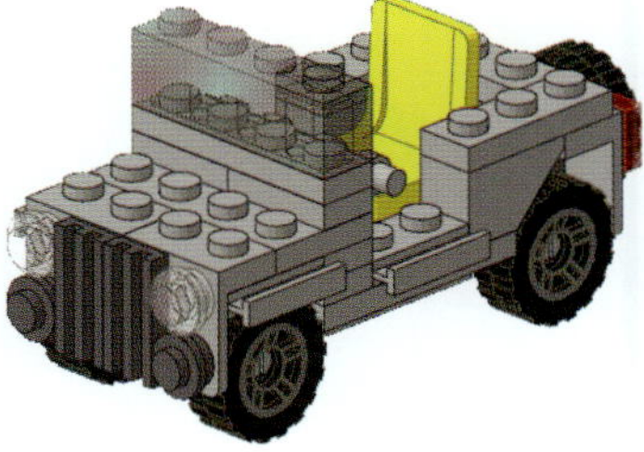

7

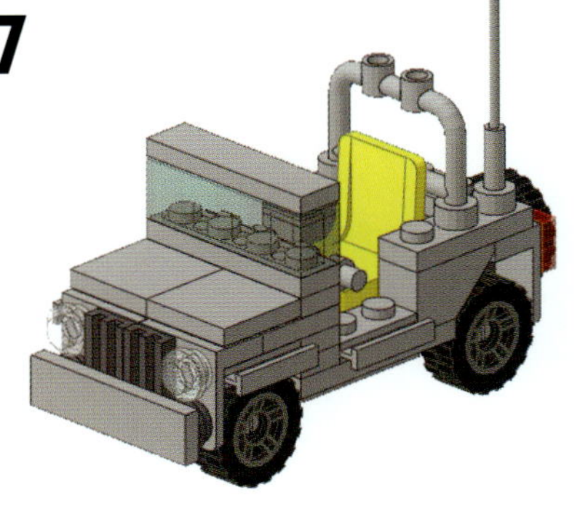

Hummer

Der Hummer basiert auf dem M998 Humvee des US-Militärs, der SUV ist durch seine quadratische Form und imposante Größe unverkennbar. Die Geländewagen mit den dicken Reifen und der großen Bodenfreiheit sind hauptsächlich fürs Navigieren abseits der Straße gedacht. Auch zum Hummer passen die rechteckigen LEGO®-Steine ausgezeichnet. Für den klobigen Dachträger und die robuste Stoßstange haben wir Stangen mit Klammerhalterung verwendet. Ein Grillstein als Frontschutzbügel rundet das Ganze ab.

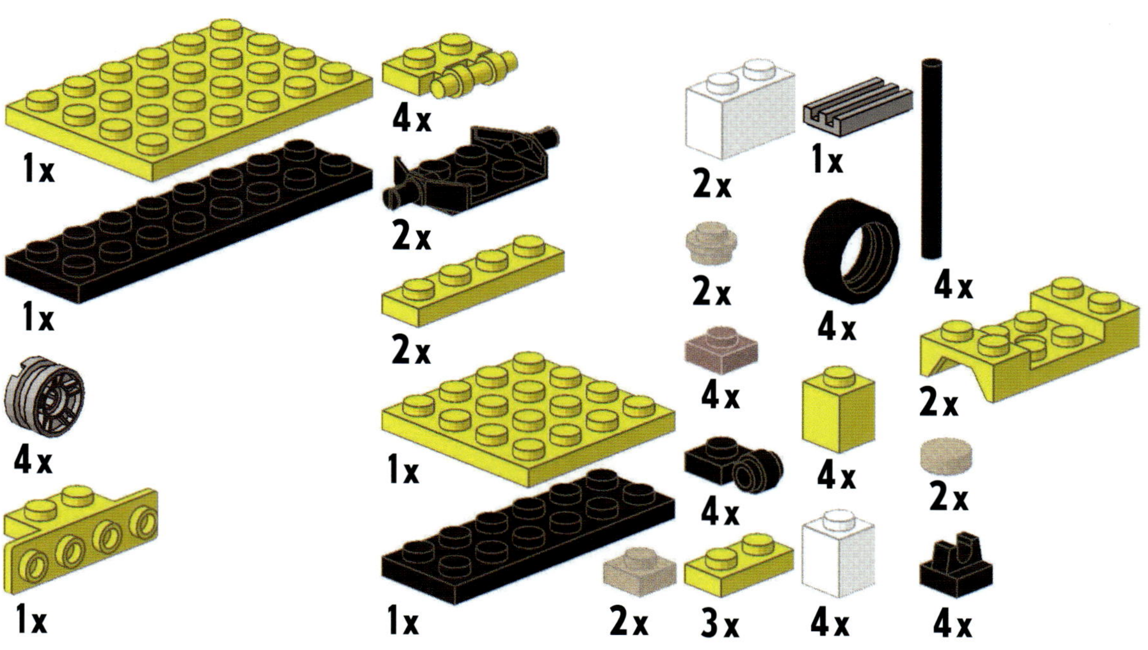

Hummer

1

2

3

4

5

6

Über das Team

Warren Elsmore lebt in Edinburgh und ist nicht nur LEGO®-Künstler, sondern auch ein Fan der kreativen Freizeitbeschäftigung. Im Alter von vier Jahren hat er sich in die kleinen Plastiksteine verliebt und bis heute verbringt er seine Zeit damit, ganz erstaunliche Konstruktionen aus ihnen zu erschaffen. Nach 15 Jahren erfolgreicher IT-Karriere beschloss Warren 2012, sich den LEGO-Steinen in Vollzeit zu widmen. Er hilft multinational aufgestellten Unternehmen dabei, sich ihre Träume in Plastik zu verwirklichen. Warrens erstes Buch, der Bestseller **Brick City,** erschien in 21 Sprachen und wurde von der Kritik hoch gelobt. Ihm folgten weitere Bücher über mit LEGO-Steinen nachgebaute berühmte Orte, Gegenstände und historische Ereignisse. Eines seiner Modelle hat es dank des British Antarctic Survey sogar bis an den Südpol geschafft. Warrens **Brick City-** und **Brick Wonders-**Modelle wurden in Museen und Galerien in ganz Großbritannien ausgestellt und fanden ein begeistertes Publikum. 2015 war Warren Mitorganisator von BRICK, dem größten LEGO-Fanevent in Großbritannien und einem der größten weltweit. Weitere Informationen finden Sie unter www.warrenelsmore.com.

Teresa »Kitty« Elsmore, Ko-Autorin dieses Buchs, war ebenfalls schon als Kind LEGO-Fan und hat auch heute noch viel Freude daran. Ihre besondere Leidenschaft sind die kleinen Details, die die Figuren zum Leben erwecken. Seit ihrer Hochzeit 2005 haben Teresa und Warren bereits mehrere gemeinsame Projekte realisiert; heute führen sie zusammen ein erfolgreiches Unternehmen und werden für ihr Hobby auch noch bezahlt.

Guy Bagley hat an der britischen University of Hertfordshire Industriemodellbau studiert und sich nach einer kurzen Zeit in der Film- und Fernsehbranche auf Architekturmodellbau und schließlich Spielzeugdesign, etwa für Mattel und Hasbro, spezialisiert. Guy stieß 1992 zur LEGO-Gruppe, wo er am Aufbau von LEGOLAND®-Windsor beteiligt war. Anschließend wurde er leitender Designer und Modellshopmanager für neue LEGOLAND-Themenparks und LEGOLAND Discovery Centers weltweit. Nach 23 Jahren stellt er sich mit Warren Elsmores Team nun neuen Herausforderungen – und hat es nie bereut!

Alastair Disley ist professioneller LEGO-Bauer, Architekturhistoriker und Musiker. Nach zahlreichen Vorlesungen an Universitäten hat er sich an der englisch-schottischen Grenze niedergelassen, wo er heute gemeinsam mit seiner jungen Familie lebt.